New window 新視野45

別讓細節毀了你

重視細節，是成功人生的保證！

方 軍◎著

高寶書版集團

NW 新視野 045

別讓細節毀了你

作　　者：方　軍
總 編 輯：林秀禎
編　　輯：蘇芳毓
出 版 者：英屬維京群島商高寶國際有限公司台灣分公司
Global Group Holdings, Ltd.
地　　址：台北市內湖區洲子街88號3樓
網　　址：gobooks.com.tw
E－mail：readers@gobooks.com.tw＜讀者服務部＞
pr@gobooks.com.tw＜公關諮詢部＞
電　　話：(02) 27992788
電　　傳：出版部 （02）27990909 行銷部 （02）27993088
郵政劃撥：19394552
戶　　名：英屬維京群島商高寶國際有限公司台灣分公司
初版日期：2006年12月
發　　行：高寶書版集團發行/Printed in Taiwan

國家圖書館出版品預行編目資料

別讓細節毀了你 / 方軍著. -- 初版. -- 臺北市：高寶國際, 2006[民95]
面；　公分. --(新視野)

ISBN 978-986-185-014-6(平裝)

1. 成功法

177.2　　95022052

決定你是否能成功的，

除了99％的努力，還有1％的關鍵細節！

Contents

Contents

前　言

生活就像一根無限拉長的鏈條，細節如同鏈條上的鏈扣，毫不誇張地說，我們的生活就是由一個個小細節、一件件小事組成的。小細節包含著大智慧，小事中隱藏著大道理，只有注重細節，才能獲得成功。

一位作家說：「生活的細節越分越密，密不可分時，就糊成一片了，按科學術語說，出現了混沌。人在混沌中，也好過粗枝大葉。忽略細節的人是古裝戲裡的『灑狗血』——內心什麼也沒有，卻裝著有感情的樣子，大喊大叫，拼命表演。」

細節小事存在於我們生活的各個方面，只有關注小事，慎重對待小事，你的生活才會有意義。

要想工作不流於一般的人，應該學會在細節處下功夫，做好每一件小事。

注意細節所做出來的工作一定能抓住人心。細心的工作態度，是由於對一件工作重視的態度而產生的。對再細小的事也不掉以輕心，這種注重細微環節的態度就是使自己的前途得以發展的保證。

在為人處世時，我們同樣要注意細節。在日常生活中要時刻注意你的言行舉止，在細微處體現你的禮貌與睿智，這樣你的人際關係才會順暢自如。說話辦事要注意細節，一句話就可能得罪人，一個舉動可能破壞了自己的形象，把事情搞砸，因此越是細微之處越要留神。

做事創業要注重細節。因為細節就意味著機遇，而留心細節就可以創造機遇，請不要懷疑這一點：一件司空見慣的小事或許就可能是打開機遇寶庫的鑰匙。

忽視細節，是生活中很多人都會犯的錯誤，他們不知道細節往往是一個人一生成敗的關鍵，忽視小節會讓人失去大機會，忽視小節會讓人平庸一輩子。因此欲成大事者要拘於小節，小節是人一生中最基本的內容。聚集細節，必能昇華你的人生！

CHAPTER 1
Image

別讓細節毀了自己的形象

為人處世中，我們需要有一個圓滿通透的個人形象，這樣才能贏得好人緣，才能贏得別人的幫助和扶持。然而，維護個人形象的努力常常毀於我們的小小失誤，或者我們對自我的一次小小放縱。因此，生活中我們一定要更加注意細節。一個墨點足以將白紙玷污，千萬不要忽視細節對個人形象的危害和殺傷力。

1. 嫉妒別人就是自毀形象

嫉妒雖然是小毛病，但卻會給你帶來極大的傷害。它是一股禍水，會使你頭腦不清、喪失理智，招來別人的厭惡。因此，你要時時提醒自己，嫉妒別人就是在毀壞自己的良好形象。

盧梭說：「人除了希望自己幸福之外，還喜歡看到別人不幸。」這句話不僅道出人類容易嫉妒的心理，對人類幸災樂禍的想法更是一針見血。

嫉妒往往源於私心。如果真正大公無私，能全方位考慮問題，就不會產生嫉妒心理。能如此，他人會為你的崇高而由衷的喜悅，並以「見賢思齊」來要求和勉勵自己。不嫉妒不僅會激勵別人，更能培養自我。

荀子說：「君子以公理克服私欲。」孔子說：「君子明於道義，小人明於勢利。」義，是天理所應實行的；利，是人情所應思索的。君子根據天理行事，便沒有人欲的私心，所以能泛愛。小人放縱私欲，不明天理，所以嫉惡別人。

嫉妒是一種慢性毒藥，可以使人不辨是非。對人無端生怨，對己則身心俱損。嫉妒是產生「惡毒仇恨」、「無名怒火」的重要根源。嫉妒會毀了自己，也會傷害他人。

有一個畫家，他的作品有一定的影響，同時也給自己帶來不菲的收入，但他從不看重這些，也不嫉妒他人——他的座右銘是「我永遠是個小學徒」。他追求藝術的理想還像童年那樣執著單純，他追求成功但絕不嫉妒比他更成功的人，也許他成功的奧秘正在於此。

而生活中，我們見到最多的卻是那些因嫉賢妒能而變得醜陋的人：「他不是比我強，老受表揚嘛，這次我就不幫他了，看他能比我強到哪裡去！」

你知道什麼是螃蟹心理嗎？你知道漁民們怎樣抓螃蟹嗎？把盒子的一面打開，開口對著螃蟹，讓牠們爬進來，當盒子裝滿螃蟹後，將開口關上。盒子有底，但是沒有蓋子。本來螃蟹可以很容易地從盒子裡爬出來跑掉，但是由於螃蟹有嫉妒心理，結果一隻都不能跑掉。原來當一隻螃蟹開始往上爬的時候，另一隻螃蟹就把牠擠了下來，最終誰也沒有爬出去。大家不用想就知道牠們的結局：牠們都成了餐桌上的美味佳肴。

人一旦嫉妒起來就好像那些螃蟹一樣。嫉妒的人以消極的人生觀為基礎，他們信奉你好我就不好的信條，所以這種心理常常給人際關係帶來破壞性的影響。

嫉妒的起因是我們發現別人比我們做得更好，別人比我們擁有的更多。嫉妒有推動力，但是它不能給我們正確的導航。它給我們指明一條道路，但是卻讓我們去妨礙和傷害別人。還記得《白雪公主》中那個原本很美麗的後母嗎？因為嫉妒白雪公主比自己美麗，就狠下毒手，最後自己反倒被氣得不得了，成了一個真正的醜女人。用拖別人後腿的方式來贏得勝利或者至少保持不輸是非常愚蠢的做法。

嫉妒使我們放棄對自身利益的關注，別人的優勢恰好映照出我們的不足。想要完成一個健康完善的自我的塑造，必須要懂得為自己加油。去拖別人的後腿只會使別人和我們一樣差勁，而不會使我們獲得進步。

嫉妒是發生在自己最熟悉的圈子裡的，我們普通老百姓不會去嫉妒國家首腦所擁有的特權、億萬富翁所取得的財富，但我們卻不能容忍周圍的人超越我們半步，故而這種心理會對我們造成切實的傷害。你只要發現別人進步比你快，運氣比你好，你心中便酸溜溜的不舒服，說話也不自覺地尖刻起來，甚至還會做出一些小動作，這樣的行為方式誰還會跟你一起互幫互助？到頭來只會傷害到自己。

每個人都難免會有些嫉妒心在作祟，因此，看到別人發生不幸，有時候幸災樂禍的感覺就會油然而生。這種情況，最常發生在那些與我們有利害關係的人身上，因為他們罹禍，我們就會覺得似乎又少了一個競爭的對手了。

但是，我們卻忽略了他人在成功之前所付出的汗水與努力。因此，每個人都應該捫心自問：自己是怎麼規劃人生的？目前自己的工作充滿了挑戰與成就嗎？自己在工作中，能否獲得學習與成長的機會？與別人相比，自己是否有一些突出的特質？然後，將自己未來真正想做的事情，或是欲追求的目標記錄下來。例如，希望身旁擁有什麼樣品質的益友？希望從工作中還能多學習到什麼知識或技能！未來希望過什麼樣的生活？請將所有的夢想個體化，目標明確化吧。

當一個人成功的時候，其實往往代表了全人類的成功。愛迪生成功地發明了電燈，萊特兄弟成功地試飛了飛機，愛因斯坦發現了相對論等，這些成功的事例最後都給全人類帶來了便利與福音。因此，莫嫉能妒賢，請為他人的成功感到驕傲，為他們喝彩吧！

不要只把嫉妒當成無關緊要的小毛病、小問題，細節可以決定成敗，嫉妒之花往往會結出最難以清除的惡果。

2.你不是宇宙的中心

為人處世中，你若總是過於表現自己，把自己當作宇宙的中心，那麼別人就會厭惡你、疏遠你。生活中，很多人就因為在這個細節上不注意收斂自己而飽受排斥。所以我們要常常檢討自己的行為，別讓微小的錯誤損害自己。

法國哲學家羅西法古說：「如果你要得到仇人，就表現得比你的朋友優越吧；如果你要得到朋友，就要讓你的朋友表現得比你優越。」當我們的朋友表現得比我們優越時，他們就有了一種重要人物的感覺，但是當我們表現得比他們還優越，他們就會產生一種自卑感，形成嫉妒的情緒。

社會上，那些謙讓而豁達的人總能贏得更多的朋友。他們善於放下自己的架子，虔誠、恭敬地對待身邊的每一個人。反之，那些妄自尊大、高估自己小看別人的人什麼事都愛露一手，彷佛就自己行，對別人不屑一顧，總認為，在這個世界上，唯我最大，捨我其誰，因此，只要是涉及到利益重新分配或調整時，他都採取「當仁不讓」的態度，因而什麼都想沾，什麼都想貪，這樣的人到最後都受到了人們的鄙視。正如希臘一位叫希爾泰的學者所說的：「傲慢始終與相當數量的愚蠢結伴而行。傲慢總是在即將破滅之時，及時出現。傲慢一現，謀事必敗。」

有人認為，喜歡表現、張揚自己只是無傷大雅的小節，這種想法真是大錯特錯了。要知道每個人都希望得到他人的肯定性評價，都在不知不覺地強烈維護著自己的形象和尊嚴，如果為人處世時過分地顯示出高人一等的優越感，目空一切、妄自尊大，那就是在無形之中對對方的自尊和自信進行挑戰與輕視，對方的排斥心理乃至敵意也就不知不覺地產生了。

灰姑娘辛苦一天之後酣然入睡。

一位天使飛進窗口找上了她，說，聰明的灰姑娘，每個人都應該得到一份適量的聰明和一份適量的愚蠢，可是匆忙中上帝遺漏了你的愚蠢，現在我給你送來了這份禮物。

愚蠢禮物？灰姑娘很不理解。懾於上帝的威嚴，她接過天使手中的愚蠢，無可奈何地植入腦中。

第二天，她平生第一次講話露出了破綻，第一次解題費了心思，她花了一個早晨記住了一組單詞，三五天後卻忘了將近一半。她痛恨這份「禮物」。深夜，她偷偷地取出了植腦不深的愚蠢，扔了。

事隔數天，天使來檢查他自己做的那份工作，發現給灰姑娘的那份愚蠢已被扔進了垃圾箱。他第二次飛入灰姑娘的臥室，義正詞嚴地對她說，這是每個人都必須有的配額，只是或多或少罷了，每一個完整的人都應該這樣。

不得已，灰姑娘重新把那份討厭的愚蠢撿了回來。但是，她太不願意自己變成一個不很聰明的人了。她把愚蠢嵌進頭髮，不進入思維，居然矇過了天使的耳目。以後，灰姑娘沒有遇上一道難題，沒有考過一次低分，一直保持著強盛的記憶、出色的思維和優異的成績。

當然，她也沒有了苦役獲釋的愉快和改正差錯後的輕鬆。更奇怪的是，也沒有一個同伴願意與她一起組隊出席專題辯論，因為她的精彩表現使同伴呆若木雞；也沒有哪個人願意和她做買賣，因為得利賺錢的總是她；也沒人與她戀愛，男人們無不怕在她的光環裡對比成傻瓜。連下棋打牌她都十分沒勁，來者總是輸得傷心。偶爾有一兩次她給了點面子放水，也很容易看出是她在暗中放人一馬，比她勝了還傷害人的自尊。

她越來越孤獨，真的也希望有份愚蠢了。但是，聰明成性的腦袋，愚蠢是再也植不進去了。她希望能再見上一次天使，可天使已「黃鶴一去不復返」了。

因為只有聰明，灰姑娘在痛苦中熬過單調的一生。

你帶著羞怯和歉意告訴世人：「大家聽著，我知道自己實際上並不這麼好，所以我想做得儘量符合你們的要求。」

許多書籍和文章告訴我們應該怎麼取悅別人，以得到別人的喜愛。讓別人喜歡的方法，就是使自己變得討人喜歡。所以，你必須順從別人，不要攻擊別人，並且多說別人想聽的話。和同事相處的時候，要表現得比較世故；和老同學相處的話，則力求平實。也就是說，在與人相處時要儘量表現出你的謙虛。謙虛，別人才不會認為你會對他構成威脅，才會贏得別人的尊重，從而建立和睦相處的人際關係。

王昆是人事局一位相當得人緣的主管，按說人事調配工作是最得罪人的事，可他卻是個例外。但是，在他剛到人事局的那段日子裡，在同事中幾乎連一個朋友都沒有。因為他正春風得意，對自己的機遇和才能非常自信，因此每天都在極力吹噓他在工作中的成績，每天有多少人找他請求幫忙等等得意之事。然而同事們聽了之後不僅沒有人分享他的快樂，反而極不高興。後來是老父親一語點破，他才意識到自己的錯誤。從此，他就很少談自己的成就而多聽同事說話，因為他們也有很多事情要吹噓。讓他們把自己的成就說出來，遠比聽別人吹噓更令他們興奮。後來，每當他有時間與同事閒聊的時候，他總是先讓對方滔滔不絕地把他們的成就炫耀出來，與其分享，僅僅在對方問他的時候，才謙虛地表露一下自己。

別把自己擺的太高，為人應該謙遜，這樣別人才願意親近你，你做事才有幫手。反之，若恃才妄為，高傲自大，人皆遠之，你就成了「孤家寡人」了。

妄自尊大和目空一切的結果只能使自己的形象扭曲，在傷害別人的同時也傷害自己。

所以注意收斂自己，也是保護自己的一種策略。

3.小處更不可隨便

古人告誡我們：「勿以善小而不為，勿以惡小而為之。」很多人往往能在大奸大惡面前保持自律，但面對小錯小失時卻常管不住自己。其實小處更能體現一個人的品格，因此千萬不能在小處放縱自己。

生活中，普通人很少會犯大過失，因為大過失太明顯、影響太大，多少雙眼睛盯著呢！而小過失則不然，它不引人注意，有時甚至別人都不會發現，小處隨便一點似乎沒什麼大不了的。然而小事是人一生中最基本的內容，自我形象的定位也正是來自小事的累積。所以小處不能隨便，要讓良心監督自己，不管事情大小，不論別人知不知道，你所要做到的就是問心無愧。

為人應不愧於人，不畏於天，即使在小事上也應如此。《詩．小雅．何人斯》中說：如果沒有做什麼有愧於己心的事，那麼對於上天也沒有什麼可怕的。日本經營之神松下幸之助曾這樣說道：「盲人的眼睛雖然看不見，卻很少受傷，反倒是眼睛好的人，動不動就跌跤或撞倒東西。這都是自恃眼睛看得見，而疏忽大意所致。盲人走路非常小心，一步步摸索著前進，腳步穩重，精神貫注，像這麼穩重的走路方式，明眼人是做不到的。人的一生中，若不希望莫名其妙地受傷或挫敗，那麼，盲人走路的方式，就頗值得引為借鑒。前途莫測，大家最好還是不要太莽撞才好。」松下這段名言的主旨是要我們凡事三思而後行，謹言慎行。人生的舞臺是旋轉的、不定的，我們應該慎重地舉步落足，堂堂正正，光明正大地為人處世，朝著既定的目標前進。

一個美國遊客到泰國曼谷旅行，在一個貨攤上他看見了十分可愛的小紀念品，他選中三件紀念品後就問價。女商販回答是每個一百銖。美國遊客還價八十銖，費盡口舌講了半天，女商販就是不同意降價，她說：「我每賣出一百銖，才能從老闆那裡得到十銖。如果價格降到八十銖，我什麼也得不到。」

美國遊客眼珠一轉，想出一個主意，他對女商販說：「這樣吧，你賣給我六十銖一個，每件紀念品我額外給你二十銖報酬，這樣比老闆給你的還多，而我也少花錢。你我雙方都得到好處，行嗎？」

美國遊客以為這位泰國女商販會馬上答應，但只見她連連搖頭。見此情景，美國遊客又補充了一句：這只是小事一樁！別擔心，你老闆不會知道的。」

女商販聽了這話，看著美國遊客，更加堅決地搖頭說：「佛會知道。」美國遊客一時啞然。他為了達到自己的目的，就像釣魚一樣，設了一個誘餌，但女商販並不上鈎，關鍵在於她深深懂得：商人必須講究商業道德，正經錢可賺，黑心錢不可得；別人能瞞得住，但良心不可欺。

為人的道理和經商的道理是相通的。「認認真真做事，清清白白做人。」這一句話幾乎包含了各種層面的人生活動，比如做官、種田、教書、打仗等等；後一句話則強調，無論做什麼事，都要「對得起天地良心」，於人於己問心無愧，無論處於何種人生情境，無論是別人知道還是別人不知道，做人都要珍視「人」這個崇高的稱號，必須保持個人品德的純潔無瑕。

利用別人不知道而欺騙別人，是一種最大的罪惡。許多奸惡之人大都以「別人不知道」來為自己壯膽，從而幹下了許多壞事。天下的壞事可以分為兩種情況：一種是利用別人不知道而進行欺騙，一種是雖然別人知道卻不害怕。前者還知道有所畏懼，說明他良心未泯，後者就是肆無忌憚了。

《後漢書．楊震傳》中記載了一則「楊震四知」的故事。東漢時期，楊震奉命出任東萊太守，中途經過昌邑時，昌邑縣令王密是由楊震推薦上來的。這天晚上，王密懷揣十斤黃金來拜見楊震，並獻上黃金以感謝他往日的提拔。楊震堅決不收，王密說：「黑夜沒有人知道。」楊震卻說：「天知、地知、你知、我知，怎麼說沒有人知道呢？」這則故事不僅僅涉及到了行賄、拒賄的問題。在實際生活中，有多少的小人、奸人、惡人，不都是借著「黑夜沒有人知道」的掩護下，幹下了大大小小的罪惡勾當？可是，那些在黑暗中幹著不可告人勾當的人，不要以為自己在行動時，別人不知曉。其實，天上地下的神明正睜著大眼睛看著你呢！及早回頭。當然，對於那些幹壞事肆無忌憚的人，等待他們的是法律的制裁。

在一個人行動之前，良心有審查和指令作用；在行動中，良心有調整和監督作用；在行動後，良心對行動的後果進行評價和反省；或者滿意或者自責，或者愉快或者慚愧。一個人做人能做到問心無愧，能在良心的引導下做事，大致上可以高枕無憂了。也就是諺語說的：「為人不做虧心事，半夜不怕鬼敲門。」

不要因為別人不知道就做有愧於心的事，不要因為錯誤很小就毫不在意，在為人處世中，你必須始終做到問心無愧，這樣才能對得起你自己。

4.傷害面前要更機智友善

傷害面前該做何種反應似乎是一個細節問題，很多人都覺得不需要為此費神思考，於是一些人碰到傷害後就表現得歇斯底里，而另一些人則一副困窘、不知所措的樣子。在危機面前的表現對個人形象有極大影響，因此你必須做好思想準備，更從容、灑脫地應付意外窘境。

機智是良好的性情、敏銳的洞察力以及在緊急時刻快速反應能力的綜合產物。機智從來都不是咄咄逼人的，而是像柔和的春風一樣消除人們的猜疑，並撫慰著人們的心靈。它善解人意並因而受到人們的歡迎。它是一種迂回的策略，但其中沒有任何虛……的成分和欺騙的成分。

機智也是出於對他人的考慮而不是出於個人的私心。它從來都不是敵意的、對立的，從來都不會觸犯別人的忌諱揭開他人的傷疤，從來不會令他人煩躁不安或火冒三丈。

我們難免有時會受到他人不同程度的傷害，尤其是要受到某些尖刻的語言傷害。一個人的臉上挨了耳光的傷害還算不重，因為肉體的疼痛過一會就消失了，可是，如果一個人遭受語言傷害，那麼感受就不同了，它將會在你的精神上產生不能忘懷的記憶。而且，肉體上的傷害，可能去叫警察判定受傷害的程度，而精神的傷害則無法判定，因為這缺少直接傷害的有力證據。

當然，除非有人當眾造謠誹謗你，你可以去告他誣陷罪，一般來說總是有什麼機構可以為你伸冤的。可是語言的戕害難以言表，它會滯留在你的心靈深處，因此你得到同情的機會微乎其微，更不易得到幫助。更糟的是，語言傷害常常很難察覺。因為語言傷害往往十分隱蔽，當你發現時，你也許會去責怪自己而不去責怪對方，這會更加痛苦。你會認為自己總是那麼愚蠢，不會說話，儘管你是個好人。

解決語言傷害問題，的確是個難題。如果有人明顯地瞪起眼睛對你說：「你是個笨蛋」，你一定知道如何去對付他；可是當有人面帶譏笑地對你說：「你應該知道怎麼辦了，怎麼這樣沒記性呢？」對這種有傷你自尊心的話，你可能會手足無措，不太容易有應付的辦法，尤其是當你的上司說這種話時，你會更加發懵。

許多人在應付語言傷害方面幾乎沒有受過任何專業訓練，有些人曾認為，這方面的教育是通常所說的修辭問題，其實不然，光靠語言修辭遠遠不夠。如果你從來不曾受過這方面的任何訓練，更需要彌補。

對付語言傷害的應變訣竅不在於教會你去如何進攻別人，而是讓你學會在自己受到攻擊時，如何把對手的工具變成自己的力量，不失身份地去反擊對方。要知道，在不傷害他人的前提下，你完全有能力保護自己，特別是在你運用下述方法去應付各種傷害的情況時，你會變成一個機智的人。

⑴要能防患於未然

你必須時刻能了解自己是否正處在一個遭受語言傷害的境況之中。在和某人談話以後，你感覺到了傷害的成分，假如你把由此而產生的心情壓抑的原因歸咎於自己，那麼你就沒有感受到自己受到傷害。因為你不懂得什麼是語言傷害及其如何識別，你將是經常遭到突然襲擊，而且經常成為別人進行語言攻擊的理想靶子。如果你在這方面得到訓練，就會防患於未然。欺軟怕硬，向強人屈服，這是一部分人的劣根性。當他發現受害者無力反抗時，他們總是尋找那些軟弱可欺的人作為發洩的對象。因此第一步你必須學會去識別語言傷害的迹象，清楚並及時地察覺到自己在遭受傷害，在傷害者還沒有將惡毒的語言講出口之前，你就應該意識到並且進一步採取對策。

(2)對付要適可而止

如果你能看出別人正想傷害你，並瞭解他的「把戲」，包括使用的是什麼武器，其能量及技巧如何，這就好辦了。但也要注意，一些常見的傷害手段，比如說話的聲音過大、不愉快的面部表情或是公開使用侮辱性的語言等等，也會使你誤入歧途，如果你「以暴易暴」將無濟於事。因此，反擊應該恰如其分。

你不僅要恰當地選擇辭彙，而且用詞的程度也應講究。對一個技巧不高的進攻者，你不必花費更多的精力，那樣既不道德又會顯得你心胸狹窄。可是，對付一個高明的老手，就要使出「絕招」，不可輕敵，免得對方感到你無能。也就是說，反擊必須恰如其分，語言自衛應該「適可而止」，任何時候都不要去進行過分的回擊。

(3)要有紳士風度

雖然你去反擊別人的傷害，但一定要保持紳士風度。對於很多人來說，對婦女的反擊最棘手的事情。很多人發現，在家庭糾紛中，受害者往往是比女人更高更壯的男子。毫無疑問，傳統文化的巨大壓力使絕大多數婦女仍受到壓抑，但在現代，隨著社會的變化，「陰盛陽衰」也是事實。婦女有時候也會使用不當的語言向男人發洩不滿。我們一直受著這樣的傳統教誨：「好男不和女鬥。」特別是當你的對手比你弱小，你就不應去傷害他，兩陣對壘，須旗鼓相當。然而，語言傷害很難用男女性別和力量的強弱去衡量。有時技巧性很高的傷害語言會出自婦女的嘴裡。不過，高明的男人總記住自衛是一種紳士藝術。語言自衛是一種和平的方式，應當能夠和平解決的時候，就不付諸武力。

同樣的，為了家庭生活的甜蜜溫馨，女人也應具備這種「紳士風度」，以自己的友善把「百煉鋼」化為「繞指柔」。

在這個世界上，我們為人處世方面最重要的一條原則就是時時刻刻要告誡自己友善待人，對於那些我們並不感興趣的人，我們必須儘量地展現出親和力。一位作家把人際關係中的情感價值形容成：「情是生命的靈魂，是星辰的光輝，音樂和詩歌的韻律，花草的歡欣，飛禽的羽毛，女人的豔麗，學問的生命。」

生活的邏輯是先失去後才有所得，先給予後必有所獲。現在我們提倡競爭，目的是充分發揮人的潛能和創造性、推動社會進步。越是競爭，越需要和諧的人際關係，越需要人情味。對有教養的人來說，他總是能夠在任何人身上找到某些令他感興趣的東西。

解決衝突矛盾時機智友善，保持理智，你就會贏得更多的喜愛和尊敬，而受點刺激就發火動怒則會被認為是不夠理智的人。所以為了維護良好的個人形象，你一定要在這方面多加注意。

5.小事不必爭得太明白

生活中，我們不要一遇到事情就是爭個明白，一些無關緊要的小事就讓它過去算了，為此斤斤計較，爭論不休反而會損害自己在衆人眼中的形象。

寺廟中的兩個小和尚為了一件小事吵得不可開交，誰也不肯讓誰。第一個小和尚怒氣沖沖地去找方丈評理，方丈在靜心聽完他的話之後，鄭重其事地對他說：「你說的對！」於是第一個小和尚得意洋洋地跑回去宣揚。第二個小和尚不服氣，也跑來找方丈評理，方丈在聽完他的敍述之後，也鄭重其事地對他說：「你說的對！」待第二個小和尚滿心歡喜地離開後，一直跟在方丈身旁的第三個小和尚終於忍不住了，他不解地向方丈問道：「方丈，您平時不是教我們要誠實，不可說違背良心的謊話嗎？可是您剛才卻對兩位師兄都說他們是對的，這豈不是違背了您平日的教導嗎？」方丈聽完之後，不但一點也不生氣，反而微笑地對他說：「你說的對！」第三位小和尚此時才恍然大悟，立刻拜謝方丈的教誨。

以每一個人的立場來看，他們都是對的。只不過因為每一個人都堅持自己的想法或意見，無法將心比心、設身處地地去考慮別人的想法，所以沒有辦法站在別人的立場去為他人著想，衝突與爭執也因此就在所難免了。如果能夠以一顆善解人意的心，凡事都以「你說的對」來先為別人考慮，那麼很多不必要的衝突與爭執就可以避免了，做人也一定會更輕鬆。

因此，凡事都要爭個是非的做法並不可取，有時還會帶來不必要的麻煩或危害。如當你被別人誤會或受到別人指責時，如果你偏要反覆解釋或還擊，結果就有可能越描越黑，事情越鬧越大。最好的解決方法是，不妨把心胸放寬一些，沒有必要去理會。

比如對於上班族來說，雖然人和人相處總會有摩擦，但是切記要理性處理，不要非得爭個你死我活才肯放手。就算你贏了，大家也會對你另眼相看，覺得你是個不給朋友留餘地，不尊重他人面子的人，以後也會防著你，於是你會失去真正的朋友。而且被你損害了尊嚴的同事，還可能對你記恨在心，這樣你就無意中多了許多敵人，這樣做人豈不太傻了嗎？

放棄凡事爭個明白的傻念頭吧，真正的智者從不會為小事斤斤計較，他們總是堅持走自己的路，不管別人怎樣評說，而時間最後總會證明他們是正確的。

CHAPTER 2
Help

別讓細節毀了辦事的成效

人不是萬能的，活在這個世上就免不了要求人辦事。而能不能把人說動、能不能把事辦成，不光要看你有沒有熱情，有沒有手段，還要看你能不能把握細節，該說的話要說好，該做的事要做「圓」，不同的人和事要對症下藥。如果真能這樣做了就沒有求不動的人，沒有辦不好的事，在社會上你自然也就比別人活得輕鬆。

1. 求人辦事還得形象好

求人辦事想要成功，還得多注意自身形象，這是生活中很多人都會忽略的一個細節。試想你衣著邋遢，萎靡不振地去求人，還未開口就已被對方討厭，人家又怎會願意幫你？

俗話說「人靠衣裝，佛靠金裝」，講究儀表是求人前的必要準備。一個人的儀表是給對方留下好印象的基本要素之一。試想，一個衣冠不整、邋邋遢遢的人和一個裝束典雅、整潔俐落的人在其他條件差不多的情況下，同去求一個人，恐怕前者很可能受到冷落，而後者更容易得到善待。特別是所求的對象是陌生人，怎樣給別人留下一個美好的第一印象更重要。

曾經看到這樣一個笑話：有一個求人辦事的鄉下人，穿著普普通通的衣裳進不去一個大機關的大門，因為那守衛一見他的穿戴就把他攔住了。他於是返身出來，到一個朋友家裡換上一身西裝革履，然後就大搖大擺地朝那個大機關的大門走了進去。有人曾經告誡說：你想進某個大門嗎？你千萬不要穿著皺巴巴的衣裳，更不能裝出一副謙恭的樣子去向那個守衛傳達室自報姓名，或是詢問什麼等等；你只要穿著西裝革履旁若無人地照門直進就是了。你能旁若無人地往門裡闖，守衛就會以為你是這裡的熟客，再不會來干擾和攔阻你了。

人們常說「不要以衣帽取人」，但實際上處處都是以「衣帽取人」。還是那句話，形象好求人易。世上早有「人靠衣服馬靠鞍」之說，一個人若有一套得體的衣裝相配，不僅能讓你的身份提高一個層次，而且在心理上和氣氛上增強了自己求人辦事的信心。

美國商人希爾在創業之始是個沒有任何資本的普通人，他有一本《希爾的黃金定律》的書要出版，苦於沒有資金，這時他看上了一位富裕的出版商。他知道在上流社會服飾對人際交往與求人辦事的作用。多年的社會閱曆告訴他，在商業社會中，一般人是根據對方的氣質形象來判斷他的實力的，因此，他首先去拜訪裁縫。靠著往日的信用，希爾訂做了三套昂貴的西服，共花了六百七十五美元，而當時他的口袋裡僅有不到一美元的零錢。然後他又買了一整套最好的襯衫、衣領、領帶、吊帶及內衣褲，而這時他的債務已經達到了六百七十五美元。

此後，每天早上，他都會身穿一套全新的衣服，在同一個時間裡、同一條街道上同那位富裕的出版商「邂逅」，希爾每天都和他打招呼，並偶爾聊上幾分鐘。

這種例行性會面大約進行了一星期之後，出版商開始主動與希爾搭話，並說：「你看來混得相當不錯啊。」

接著出版商便想知道希爾從事哪種行業。因為希爾身上衣著所表現出來的那種極有成就的氣質，再加上每天一套不同的新衣服，已引起了出版商極大的好奇心。這正是希爾期望發生的情況。

希爾於是很輕鬆地告訴出版商：「我手頭有一本書打算在近期內出版，書的名稱為《希爾的黃金定律》。」

出版商說：「我是從事雜誌印刷及發行的。也許，我可以幫你的忙。」這正是希爾所等候的那一刻，長時間的心血沒有白費。

這位出版商邀請希爾到他的俱樂部，和他共進午餐，在咖啡和香煙尚未送上桌前，出版商已「說服了希爾」答應和他簽合約，由他負責印刷及發行希爾的書籍。希爾甚至「答應」允許他提供資金並不收取任何利息。

終於，在出版商的幫助下，希爾的書成功出版發行了，希爾因此獲得了巨大的經濟效益。發行《希爾的黃金定律》這本書所需要的資金至少在三萬美元以上，而其中的每一分錢都是從漂亮衣服創造的「幌子」上籌集來的。

除衣著打扮外，魅力也是塑造個人形象不可或缺的部分。如果你能把個人魅力揮灑得淋漓盡致，那麼求人辦事時阻力就會減少很多。

有一天，有位老婦人來到卡耐基的辦公室，送出名片，並且說她一定要見到卡耐基本人。卡耐基的幾位秘書雖然多方試探，卻無法問出她這次訪問的目的及性質。同時，卡耐基想到自己的母親與老婦人年紀相仿，於是決定到接待室去，買下她所推銷的東西，不管是什麼，他都決定買下來。

當卡耐基來到門口時，這位老婦人微笑著伸出手來和他握手。一般來說，對於初次到辦公室訪問的人，卡耐基一向不會對他太過友善。因為如果向對方表現得太友善了，當對方要求他做不願意做的事情時，將很難拒絕。

這位親切的老婦人看起來如此甜蜜、純真而無害，因此，卡耐基也伸出手去。到這時候，卡耐基方才發現，她不僅有迷人的笑容，而且，還有一種神奇的握手方式。她很用力地握住卡耐基的手，但握得並不太緊。她的這種握手方式傳達了這項資訊：她能和他握手，令她覺得十分榮幸，她令卡耐基感到，她的握手是出自她的內心。

老婦人那深入人心的微笑，以及那溫暖的握手，已經解除了卡耐基的武裝，使他成為一個「心甘情願的受害者」。這位老婦人只不過握一握手，就把卡耐基用來躲避推銷員的那個冷漠的外殼脫下了。換句話說，這位溫和的訪客已經「征服」了卡耐基，使他願意去聆聽她所說的一切。

在椅子上坐定之後，她立刻打開了她所攜帶的一個包裹，卡耐基起初以為是她準備推銷的一本書。當然了，包裹裡面確實是幾本書，她翻閱著這些書，把她在書上做了記號的部分都一一念出來。同時，她又向卡耐基保證說，她一直相信，她所念的部分都有成功哲學作基礎。

接下去在卡耐基進入能夠徹底接受別人意見的狀態之後，這位來訪者很巧妙地把談話內容轉向一個主題。看來，她來到辦公室之前，就早已決定了要討論這個主題。但是這又是大多數推銷人員最常犯的一個錯誤——如果她把她的談話順序顛倒過來，那麼，她可能永遠沒有機會坐上那張舒適的大椅子了。

僅僅是在最後五分鐘內，她向卡耐基說明她所推銷的某些保險的優點。她並沒有要求購買，但是，她向卡耐基訴說這些保險優點的方式在對方心理上造成了一種影響，驅使卡耐基自動想要去購買。儘管卡耐基最終並未向她購買這些保險，但她仍然賣出一部分保險。因為卡耐基拿起電話，把她介紹給另一個人，結果她後來賣給這個人的保險金額，是她最初打算賣給卡耐基的保險金額的五倍。

不要怪世人以貌取人，衣貌出衆者誰能不另眼相待呢?因此在求人辦事之前，一定要在個人形象方面多下點功夫，這樣做會幫你取得事半功倍的效果。

2.親戚要常走動

求人辦事時，親戚是我們容易求助的對象。生活中很多人對親戚，尤其是一些關係較遠的親戚，常常是沒事不走動，有事再登門，就是這個小細節，讓他們辦事的成效大打折扣。親戚平時就要常來常往，有事時才好求助。

郭力今年二十九歲了，能力很強，做過幾年的生意，小發了一筆。但他不滿足，總想幹個大點的才過癮。剛好村裡的魚塘要對外承包，他有心把池塘承包下來，只是手頭的資金不夠。

他左思右想，想到了他的一個遠方親戚，是他母親的表弟，按輩應該叫老舅的，在縣城承包了一個企業，經營得不錯，是縣城有名的「土財主」。這位老舅倒是有能力拉他一把，只是關係疏遠，好長時間沒有走動了，貿然前去，顯得突兀不說，事情肯定辦不了。怎麼辦呢？他決定先把關係搞好，和這位老舅親近起來。他打聽到這幾天老舅身體不太好，時常生病，他看準時機，拎了一大包的營養品，來到老舅家。

「老舅啊，有些日子不來看您了，您老人家怎麼病了呢！年紀大了，可要多注意身體，別太操勞了。我這裡有點東西，您好好滋補一下，身體肯定會好起來。」郭力非常熱情地說，並把東西放到了老舅的桌子上。

俗話說「禮多人不怪」，雖說兩家好長時間不走動了，但今天外甥拎了那麼多的東西上門，而且是在自己生病的時候，這位老舅心裡格外的高興：「郭力啊，你今天能過來，老舅我別提多高興了。今天中午咱倆喝兩杯。」郭力留下熱鬧一番。

自此兩家關係親近起來。以後郭力隔三差五地來看他的老舅。老舅視郭力如親生兒子一般。郭力一看時機成熟了。這天他拎了兩瓶酒來到老舅那裡，兩人喝了起來。郭力說：「老舅，您老人家對我真是太好了，我都不知道怎麼說才好啊。」「孩子什麼都不要說了，咱兩家誰跟誰啊，我是你長輩，往後有什麼困難儘管和你老舅開口。別的不說，怎麼你老舅也是有身份的人。」郭力聽後，故做激動萬分之狀，並連忙把承包魚塘的事情說了。

老舅以長者的口吻說：「好啊，有志氣，有魄力，老舅大力支持……做人就應該幹一番事業。想法很好，不過工作的時候一定要慎重，年輕人千萬不能急躁。」郭力連忙點頭稱是，接著把資金短缺的事情也說了出來。最後，郭力順利地從老舅手裡借到了三萬元並承包了魚塘。

在這個例子中，郭力做事業缺少資金，卻從一個很疏遠的親戚那裡得到了解決。郭力的眼光、求人的方法是很值得我們學習的。

我們都明白，親戚有貧富遠近之分，如果冒昧去求人辦事，恐怕辦成的機率很小；如果先設法增進雙方之間的感情，待時機成熟的時候再提出要求，辦成事的機率往往大於前者。

因此，親戚關係和其他關係一樣，在交往中也存在一定的規律，如果遵循這些規律辦事兒，彼此的關係就會越來越親密。所以親戚間必須常來常往，親戚「不走不親」，「常走常親」，這是中國人一貫的觀點，只有經常的禮尚往來，才能溝通聯繫、深化感情、成功辦事。

有人說：「我不缺吃不少穿，親戚間何必要常聯繫找麻煩呢？」此話不對，親戚關係是一種人情味較濃的人際關係，不能蒙上庸俗的面紗，只有在親近、摯密、常聯繫的基礎上，才能建立真誠的關係。如果彼此間少了經常性走動，那就可能會出現「遠親不如近鄰」的局面了。

在現實生活中，我們都有過這樣的體驗：作為親戚之間的甲方若是一貫地照顧、幫助乙方，而乙方的回報卻是不冷不熱、不謝不頌的態度，時間長了，甲方必定會生氣，認為乙方是不懂人情、不值得關照的冷血動物。若乙方依然以自我為中心，認為甲方幫助他是應該的，那甲方必然會終止與乙方交往。相反，若乙方知恩懂情，雖然沒有什麼物質好處回報，但經常去幫助甲方做一些力所能及的事情作為感謝，甲方肯定願意與乙方繼續交往下去的。

事實上，不論是一般關係還是親朋好友，甚至是父母，都想聽到一句別人對他們的感謝話，雖然他們的付出有多有寡，但受惠人一句誠懇貼切的話對他們無疑是一種心理的補償。如果你只看重「來」，而輕視「往」，我想以後再想求助於對方也就困難了。

「常來常往」，首先表現在一個「往」字。意思就是說自身要發揮主觀能動性，經常到親戚家走走、看看、聊聊家常，這樣是非常有益的。

或許，就是如此平常的「常來常往」，才會在以後的關鍵時刻，得到親戚的一臂之力。所以，不要以為「常來常往」是沒用的、不必要的，無論從哪個角度來看，於情、於理都要掌握和運用這個技巧。

再舉個例子。姜琪在東北某學院上學，在大學四年中，本來知道有一位比較遠的親戚在學院任教，但總是感到好像是要討好人家，從來沒有去拜訪過。臨畢業了，看到同學們個個找關係，姜琪於是也開始著急了。

沒有辦法，只有硬著頭皮去找那位親戚。待自我介紹完畢後，那位親戚友好地招待了她，並聊起了親戚的情況。其實姜琪已經將這些都淡忘了，只好含糊其辭。尷尬地坐了一個小時後，那位親戚說：「姜琪，我今天還有事，有空來玩吧。」姜琪一聽下了逐客令，感到事情沒有辦就這樣回去了，那不是白來了，於是講出了自己的想法。那位親戚一聽馬上繃起了臉，說：「姜琪，學校裡對你們都有分發，有些名額是必須要滿足的，我也不好參與什麼。」姜琪只好失望地回到了寢室，感歎人情冷暖，世態炎涼。

在這裡姜琪就犯了求人的大忌。姜琪這位親戚是她的遠親，而且不常來往，姜琪因為畢業分發之事貿然前去相求，肯定辦不成。想想吧，畢業分發對於個人來說是何等重大的事情啊，關係著一生的前途。這樣重大的事別說是不常來往的遠親，就是至親，說到這事那也不能是簡單的事情。況且畢業分發人人想找個好工作，大家都拚命求門路，這樣一件難辦的事情要托人拉關係，哪能說辦就辦。

這就是不會辦事的表現。如果善於辦事的話你就應該未雨綢繆，在此之前就應該多往親戚家跑跑，過來拎點東西、聊聊天、做些家務，搞好關係的同時還能加深感情，待時機成熟再逐步說出自己的請求。這樣才自然得體，否則臨時抱佛腳，誰也不會輕易地答應你的請求的。

別管親戚遠近，平時常來常往，多多聯繫，遇到困難時，他們一定會比陌生人更樂於伸出援手。

3.求人送禮要有章法

求人辦事時，送禮幾乎是必不可少的。然而很多人在送禮時都不注意一些細節問題，結果有時送的不合人心意，有時甚至讓對方感到尷尬，一些本來可以辦成的事也因此沒戲唱了。送禮是一門大學問，我們一定要把握送禮的細節，這樣我們才能送的放心，別人也收的開心。

我們生活在一個很大的社會群體中，每一個人都不是孤立存在的，幾乎誰都要去求人、去辦事。而送禮這一獨特的社會形態，在某些情況下，成為達到個人目的的必要手段。

送禮是一件令人感到愉快的事，無論從送禮者和接受者的角度考慮都應如此。要真正做到這一點並不是一件簡單的事。幾千年流傳下來的送禮習俗和人們對事理的認識，逐漸形成了一套獨特的送禮藝術，有其約定俗成的規矩，送給誰、送什麼、怎麼送都有原則，絕不能瞎送、胡送、濫送。它包括所送禮品的形式、送禮的目的、送禮的場合、送禮的時機和收受禮品的禮儀等一系列內容。因此，掌握一定的送禮原則，處理好細節問題，在求人辦事中可以減少不必要的麻煩、不必要的尷尬，真正達到送禮的目的。

經濟大蕭條時期，日本許多實力較弱的中小企業紛紛破產，關門大吉。有一家蔬果店也受到了很大的衝擊，經營慘澹，舉步維艱。但老闆不甘心從此倒閉，可怎樣才能從購買力降低而且日益挑剔的顧客中吸引更多的人呢？

經過一番苦思冥想，他想到一個巧妙的方法。老闆命人去蘋果園預先訂購一批蘋果，在成熟以前用標籤紙貼在蘋果上，當蘋果完全變紅之後，揭下標籤紙，蘋果上就留下了一片空白。老闆就在這蘋果身上做起了文章。

當周圍幾家蔬果店終於無力支撐倒閉之後，這家蔬果店的蔬果銷量卻大增，顧客盈門，而且還擴大了生產。這一切令同行們驚訝極了。原來，這家蔬果店老闆從客戶名錄中挑選出大約三百名訂貨數量較大的客戶，把他們的名字用油性水筆寫在透明的標籤紙上，請人一一貼在蘋果的空白處，然後隨貨送給客戶。

結果幾乎所有的客戶都對這種蘋果感到驚訝並為老闆的良苦用心而感動，客戶們認為商店真正把他們奉為上帝並且放在心上。送給每個客戶一兩個本地產的蘋果，實際上花不了多少錢。但客戶接到這份禮物都十分感激，其效果不亞於又送了一箱蔬果，因為這一兩個頗富人情味的蘋果，使客戶記住了這家蔬果店。每當水果上市的時候，差不多就是他們向蔬果店訂貨的時候。

這位老闆送禮送得實在聰明，兩個小小的溫情蘋果就打動了客戶的心，而他的成功正是由於他把握住了送禮的細節。

說起送禮，裡面的學問很大，首先是目標要選對。也許有人說，這很簡單啊，誰能為我辦事，我就給誰送禮。實際上事情遠沒有那麼簡單。

在日常社會生活中選錯了送禮對象的人不在少數。比如說把禮物送過去了，事情卻沒有辦成，因為對方並非是起關鍵作用的人物，所以即便送了禮，也是徒勞無益的。

送禮送給關鍵人物，不能送張三一點又送李四一點，王五也收到一點，結果禮物分割零散了，分量顯得很輕，起不了利益驅動的作用。這還不算，送的對象多了，難免人多嘴雜，天機洩漏，對要辦之事有百害而無一益。

所以，在送禮之前，一定要權衡好各位「要人」的利弊，查問好誰對這件事有裁決權，起主導作用，誰是辦事的關鍵人物就把禮物送給誰。禮物送對人，要辦的事情可能也就迎刃而解了。相反，如果把禮物送給了次要人物，可能就收不到相應的成效。

其次禮品要選好，送禮之前要根據關鍵人物的日常生活偏好分析他到底喜歡什麼禮物。比方說，有的喜歡喝酒，有的愛好抽菸，還有的很高雅，他們對古董、字畫、線裝書感興趣，真是人人不同。要知道，只有給對方送上他十分喜歡的禮物，他才會怦然心動。對方只要怦然心動，就會為你分憂，幫你辦事。

再次是禮品的價值問題。一般來說，禮品太輕意義不大，很容易讓人誤解為瞧不起他。而且如果禮太輕而想求別人辦的事難度較大，成功的可能幾乎為零。但是，禮品太貴重，又會使接受禮品的人有受賄之嫌。除了某些愛佔便宜又膽子特大的人之外，一般人就很可能婉言謝絕；或即使收下，日後必定設法還禮，這樣豈不是強迫人家消費嗎？如果對方拒收，你錢已花出，留著無用，便會生出許多煩惱，就像平常人說的：「花錢找罪受」，事也沒辦成。因此，以對方能夠愉快接受為尺度，禮物大小輕重一定要恰到好處，既要達到求人辦事的目的，又要不浪費，以免得不償失。爭取做到少花錢、多辦事、多花錢、辦好事。

最後我們還要注意以什麼名義用什麼方法送禮。俗話說：「名不正則言不順」。這裡有很多名目。可以藉節日送禮，中國的節日很多，如元旦、春節、清明節、中秋節、重陽節，還有外國的耶誕節，都是送禮的好機會。我們也可以藉生日、喜日送禮，對於中國人來說，除了節日，生日和婚嫁日也是非常重要的日子，這種時機也不錯。當然這裡的生日和婚嫁日不一定是被求者本人的，其親人也可以利用。還有主管生病的時機也應該利用，送禮在病中完成既光明正大無行賄之嫌，而且更能打動對方，辦事情自然變得容易得多了。

另外，送禮還有其他的一些說法。

說法一：把送禮的話頭推到不在身邊的老婆身上。

比方說：「是啊，我也說，找您辦事用不著拿東西，而我老婆卻非讓我拿著不可。既然拿來了，就先擱這兒吧，要不然，我老婆一定埋怨我不會辦事，回到家也交不了差。」

說法二：把送禮的話頭推到對方的孩子身上。

比方說：「東西是給孩子買的，和你沒關係。別說是來找你辦事，就是沒這事，隨便來串門兒還不一樣應該給孩子買點東西嗎？」

說法三：把送禮的話頭推到對方長輩身上。

比方說：「你不用客氣，這東西是給伯父買的——伯父身體最近還好吧？……你方便時把東西給伯父拎過去得了，我就不再過去專門看他了。」

說法四：把送禮的話頭推到托辦事的朋友身上。

比方說：「這東西是我朋友給你買的，我也沒花錢，咱把事給他辦了，就啥都有了，咱也不用太跟他客氣。」

說法五：把送禮的話頭推到對方可能存在的損失上。

比方說：「您幫我辦事就夠意思了，難道還能讓您破費？這錢您先拿著，必要時替我打點打點——不夠用時我再拿。」

說法六：把送給對方的錢說成是暫存在對方手裡的。

比方說：「我知道，咱們之間辦事用不著錢，但萬一出點問題需要打點，現找我拿就可以了——所以，這錢先放你這兒，用上了就用，用不上到時候再給我不是一樣嗎？」

以上這六種說法，都頗有人情味，對方聽了，都覺得好受，「有道理」把禮物收下，而沒有明顯拒絕的理由。

有「禮」走遍天下，只要禮品送得得體，送得好，求人辦事自然也就會順利得多，你的困難才會迎刃而解。

4.求人就得矮三分

求人時，很多人放不下自己的身段，忘不了自己的面子，結果就是這個小細節使得他們求人求不動、辦事辦不成。我們一定要破除這個障礙，扔掉顧慮，這樣才能把事辦成。

人與人之間的關係從人格上講是平等的，不過，在具體的交際中，由於交際雙方各自的交際目的不同，會使交際者之間出現暫時性的尊卑差別或者叫優勢劣勢。求方為卑占劣勢，助方為尊佔優勢。俗話說「求人矮三分」，說的就是這個道理。正因為如此，人們一般不到萬不得已是不願求人的。

善於求人者卻不會受這種心態左右，他反向利用人性的弱點，別人怕卑微求人，我偏卑微給他們看。這其中首先就必須克服自身的「愛面子」的「惡習」。正如厚黑大師李宗吾先生所說：「起初的臉皮，好像一張紙，由分而寸，由尺而丈，就厚如城牆了。」

放下身段，降低自己去求人，也並不是一件容易的事情，這需要你把自己放在卑微的位置，還要把臉皮加厚，抹去羞澀和畏懼。怎麼才能做到這一點呢？當然是要搞清楚尊卑關係、求與被求的關係。這個搞清楚了，你自然會減少很多顧慮。

最重要的是，應該根據這種尊卑差別確定自己所應採取的具體的交際方法、手段。特別是作為求助方的交際者，應該清楚地意識到自己的卑微地位，一言一行、一舉一動都要與自己的這種地位相吻合，否則，如果把尊卑關係誤認為是平等關係，甚至於顛倒了尊卑關係，以卑為尊，就會做出失禮之舉，有礙正常交際，更是求人辦事極大的障礙。

站在求人的位置來講，你是卑者。那麼，第一你應該主動到對方那裡去求見，而不應被動地等待或發號施令讓別人到你這裡來。

諸葛亮是一布衣平民，而劉備是漢朝將軍，其二者社會地位的尊卑是不言自明的。不過諸葛亮這時並不是劉備的屬下，所以儘管尊卑差別很大，也是井水不犯河水。劉備見諸葛亮的目的是想讓他「展呂望之大才，施子房之鴻略」，幫助自己成就大業，所以劉備是求方，諸葛亮是助方。劉備不以原來的尊卑差別為念，只講求助關係上的尊卑差別，屈千乘之尊三顧茅廬，把尊的地位讓給了諸葛亮，這是為人們所稱道的。如果只講原來的尊卑、差別，不顧交際求人上的尊卑差別，像張飛所說的那樣：「使人喚來，他如不來，我只用一條麻繩縛將來。」那麼劉備就得不到諸葛亮這一大賢，這一點是必定無疑的。

第二，在約見時，你要先於對方到達，並要主動去等對方，不要讓人家等你。

《史記・留侯世家》中記載，張良因兵法之事有求於一老父，老父與張良約見時，兩次張良都去晚了，張良因此遭到了老父的責怪。第三次約見時，張良再也不敢去晚了，就在約定地點等老父，老父到後，送給了張良一部《太公兵法》。張良如果仍是以往的態度，兵法是不會到手的。當然，這裡要求張良等待老父，除了因為有一層求助關係外，還有一層長幼關係。

第三，在對方實施幫助完畢時，你要向對方表示感謝，這一點是千萬不可忽略的。

如果有機會，你還要主動給予對方幫助，以示報答。投桃報李，禮尚往來是交際的一個重要原則。求方應牢牢記住助方給予自己的幫助，做到「受恩莫忘」。滴水之恩，當以湧泉相報，這是交際中品德高尚的人所應遵循的準則。「毛寶放龜而得渡，隋侯救蛇而獲珠」，這些神話傳說就是對這種報恩精神的浪漫化寫照。《史記．淮陰侯列傳》記載，韓信為布衣時，自己不能養活自己，一位洗衣物的大娘見韓信非常饑餓，就把自己的飯分給韓信吃，韓信做了大官後，賜給這位大娘千金來報答她的恩情。

搞清尊卑關係非常重要，但僅此還不行，重要的還在於要增厚自己的「臉皮」，這裡的關鍵是不能自視太高。

一九二三年，美國福特公司有一台大型發電機不能正常運轉了，公司裡的幾位工程技術人員百般努力都無濟於事，眼看要影響到整個生產計劃。福特心裡焦急萬分，他只得到一個小廠裡去請一位很傲慢但據說對電機很內行的德國籍科學家。

這位科學家名叫斯特曼斯，他來到福特公司後只要了一架梯子和一根粉筆，然後爬上爬下在電機的各地方靜聽空轉時的聲音。不久，他用粉筆在電機的左邊一個小長條地方畫了兩道線，對福特說：「毛病出在這兒，多了十六圈線圈，拆掉多餘的線圈就行了。」

福特公司的技術人員半信半疑，抱著試試看的態度去做。不料電機果真奇蹟般正常運轉了。大家都對斯特曼斯表示感謝。斯特曼斯卻傲慢地說不要感謝，只要一萬美元的酬金，並對目瞪口呆的人說：「粉筆畫一條線不值一美元，但知道該在哪裡畫線的技術超過九千九百九十九美元。」

福特心裡清楚，斯特曼斯儘管傲慢，會使他失面子，但卻是真正的人才，是企業走向發達的根本之所在，所以他不僅愉快地付了一萬美元酬金，而且表示願用高薪相聘。誰知斯特曼斯毫不為其所動，根本沒有給這個「汽車大王」面子。他說他現在的公司曾在他最困難的時候救過他，他不可能見利忘義背棄該公司。

福特一聽，更覺得斯特曼斯講信用、重情義，如此人才是企業所必需。於是，福特毫不猶豫地花鉅資把斯特曼斯所在的公司整個買了下來。以福特之地位和財勢，竟「放下身段」忍受斯特曼斯的冷嘲熱諷，是因為福特清楚成大事者必以人為本，斯特曼斯便是他賺取更多錢財的無價之寶。

要想求人必須厚起「臉皮」，放下「身段」。人的「身段」是一種「自我認同」或者叫「面子」。其實愛面子並不是什麼不好的事，但這種「自我認同」也是一種「自我限制」，也就是說：「因為我是這種人，所以我不能去做那種事」。而自我認同越強的人，自我限制也越厲害，千金小姐不願意和貧女同桌吃飯，博士不願意當基層業務員，高級主管不願意主動去找下級職員，知識份子不願意去做「不用知識」的工作……他們認為，如果那樣做，就有損他的身份。

遇到困難時，求人辦事既然是不可避免的，那麼何妨就低一低，不必為了「身段」「面子」把自己弄得無路可走，這才是聰明人的做法。

5.平時結人緣，難時好求人

求人辦事靠的就是好人緣，一些人之所以覺得求人辦事難，就是因為他們平時不注意人際關係，遇到困難的時候，自然也就沒人來幫他。所以辦事成功很大程度上靠的是平時關係的積累。

那麼怎樣才能在平時結下一個好人緣呢？

(1)對人以誠相待

與他人交往要以誠相待。表裡不一的行為只會被人疏遠。誠實是你贏得好人緣的第一原則。

諸葛亮高臥隆中，略無意於當世。他與劉備原是素昧平生，談不上有什麼私人友誼。但劉備知道諸葛亮是傑出人才，一心想收為己用。他不顧自己中山靖王之後、漢室子孫的身份親自去訪問諸葛亮，一連去了三次，才得相見，這種做法，十足表示他的誠摯。諸葛亮無意當世，原是找不到合意的主子，待見劉備有重建漢室的雄圖，對他又萬分誠摯，便放棄高臥隆中的想法，以身相許，雖幾經挫折，絕不灰心，到後來竟以「鞠躬盡瘁，死而後已」自矢。可見誠摯動人之深。

千萬不要對別人使用欺騙手段，人無誠不信、無信不誠，你要誠，必先要修身，修身乃能立信，立信乃能行誠。因此，勸誡欲求人者，一生不要欺騙別人，免得別人對你抱有成見而發生不必要的懷疑。「汝也不爽，士貳其行，士也罔極，二三其德。」對配偶的不信，還會遭到怨恨，何況是朋友呢！你應該增加你的誠，直到足以打動對方的心為止。任何事都要「反求諸己」，不必「求諸於人」，這是用誠摯去感動他人的唯一方法。

(2)對人守信用

許多人都有過這樣的經驗：與好友約定相見，老是遲到；但和客戶談生意時，卻一定比對方早到。這樣的人總認為彼此既是好友，守不守時無所謂，而縱容自己的疏失。實際上，這樣做只會失去朋友的信賴，友誼肯定會因此而逐漸疏淡。因此，贏得好人緣的又一條原則就是始終保持守信用的美德。

不論公事或私人的約會，不遵守約定的日期或時間，對方基於友情不會露骨地表示不滿，但在心中定會感到不悅。如果只限於此，倒還是幸運的事，擔心的是因此視你為沒有修養的人而不願繼續深交。

不守信用的人，往往會被視為一個連交往中最起碼的道德都不遵守的人。對於那些平時負責任的人，他們認為對方也該如此，所以會拒絕言行不一致的毛病，這在與人交往上是非常重要的。

⑶說話不要得罪人

說話把握分寸，別得罪人，是一個人獲得好人緣的第一準則。不去提及他人平日認為是弱點的地方，才是待人應有的禮儀。尤其是身體上的缺陷，本人幾乎沒有任何責任，同時也是事出無奈，所以千萬別用侮辱性的言語，攻擊他人身上的殘缺。

可是，生活中有些人盛怒時往往忘了自身形象，忘了失去人緣可能會對自己帶來的損害。平日相當友善的同伴，不至於和你反目成仇，但日後你再找他辦事，可能就不靈了。有些人為了公司的前途，不得不犧牲別人——對於商場來說，「得罪人」意味著調職、冷凍開除等人事變動的宣告。如果，你也是經商人士的話，「得罪人」就是代表對方的拒絕往來或「關係凍結」。

⑷廣交朋友

贏得好人緣還要有長遠眼光，要在別人遇到困難時主動幫助，在別人有事時不計回報，「該出手時就出手」，日積月累，留下來的都是人緣。小廟燒香，有備無患，這是贏得好人緣的又一個原則。

平時不燒香，臨時抱佛腳，菩薩雖靈，也不會來幫助你的，因為你平時心目中沒有菩薩，有事才去找，菩薩哪肯做被你利用的工具！所以你請求菩薩，應該在平時燒香，表明你別無希求，不但目中有菩薩，心中也有菩薩，你的燒香，完全出於敬意，而絕不是買賣，一旦有事，你去求祂，祂對你有情，才會幫忙。

人情投資最忌講近利。講近利，就有如人情的買賣，就是一種變相的賄賂。對於這種情形，凡是講骨氣的人，都會覺得不高興，即使勉強收受，心中也總不以為然。即使他想回報你，也不過是半斤八兩，不會讓你占多少便宜的。你想多占一些人情上的便宜，必須在平時往小廟燒香。平時不屑到小廟燒香，有事才想臨時抱佛腳，小廟的菩薩雖窮，絕不稀罕你上這一炷買賣式的香。一般人以為小廟的菩薩一定不靈，所以成為小廟。殊不知英雄窮困潦倒，是常有的事，只要風雲際會，就能一飛沖天，一鳴驚人。

靠個人力量以求發展，則發展有限，多與各方朋友結緣，則發展的後勁沒有止境。一個人可以有好幾種投資，對於事業的投資，是買股票；對於人緣的投資，是買忠心。買股票所得的資產有限，買忠心所得的資產無限；投資有時會被倒帳，買忠心始終能把事兒辦好；投資是有形資產，忠心則是無形的資產。「紂有人億萬，為億萬心，武王有臣十人，唯一心。」紂之所以敗亡，武王之所以興周，就在於有沒有這份無形資產，「得天下者得其人也，得其人者得其心也，得其心者得其事也。」

⑸千萬不要情緒化

一個情緒性太強的人大多被認為神經質，這種人易給人造成一種不合群的感覺，人緣也便隨之而去。只有言談舉止始終保持常態，在公開場合上隨圓就方，才會在社會上取得別人的認同。這種隨圓就方，是贏得好人緣的又一個原則。

我們平時所遇到的事情或大或小，或間接或直接，其中涉及原則的事本沒有多少，在一些無關痛癢的小事上犯不上與人斤斤計較，特別是感情用事。比如單位裡某個同事就海珊的好壞談了一種觀點，雖然他的觀點過於偏頗，你也沒有必要情緒激昂地去與之辯出個高下來，因為一句話兩句話傷了感情，實在沒什麼必要。

⑹別盲目炫耀自己

生活中，要注意謙虛待人，不要把自己的長處常常掛在嘴邊，老在人前炫耀自己的成績。如果一有機會就說自己的長處，無形之中就貶低了別人，結果反被人看不起。切忌誇誇其談。有人在與別人交往中，為了顯示自己「能說善道」，便喋喋不休，沒完沒了地長篇大論，這種人會給人以不夠穩重的印象。

力避憨言直語，用詞要委婉，要融合各方意見，不要只憑自己的主觀願望，說出不近人情的話，否則，是得不到別人好感和贊同的。只有言辭婉轉貼切，才有利於融洽感情，給人留下難忘的印象。

人緣的好壞會直接影響到你辦事的能力，如果不希望自己在臨時有事時孤立無援、求助無門，那麼平時就一定要盡己之力，廣結善緣。

6.求人方法因人制宜

在求人辦事時，有一個細節被很多人所忽略，那就是求人方法要因人而異，要耐心揣摩對方脾氣，針對不同性格的人採用不同的求助方法。

下面列舉了與幾種典型性格的人打交道的方法，大家不妨參考一下：

(1)表現欲強的人

在社會交往中，「好出風頭」的人不少。這種人狂妄自大，自我炫耀，自我表現欲非常強烈，總是力求證明自己比別人正確、比別人強。當遇到競爭對手時，總是想方設法地擠兌人、不擇手段地打擊人，力求在各方面占上風。人們對這種人，雖然內心深處瞧不起，但是為了顧全大局，為了不傷和氣，往往處處事事遷就他、讓著他。

一味地遷就忍讓也是不合適的。中國人總是追求一種和諧，謂之「和為貴」。這無疑是人際交往中一個重要的標準和目標。為了顧全大局，求大同、存小異，在某些方面做一些必要的退讓，應該說是一種比較聰明的處理方式。「和」無疑是必要的，但如何去獲得「和」，則有不同的方式。「讓」是一條途徑，「爭」也不失為一條途徑。殊不知，有些爭強好勝的人並不能理解別人的謙讓，反而認為別人懦弱，由此變本加厲地瞧不起別人，不尊重別人。

對這樣的人，不能一味地遷就，而應使他知道天外有天、山外有山。遷就只適合那些比較通情達理的人，而對於過於狂妄、失去自知之明的人，不妨挫挫他的傲氣。待挫敗他的銳氣後，你再向他提出請求，他也就不會再擺太大的架子了。相反你挫了他的銳氣，他對你會另眼相看，反倒更真心為你辦事。

(2)性情暴躁的人

所謂性情暴躁的人，通常指的是那種好衝動，做事欠考慮，思想比較簡單，喜歡感情用事，行動如疾風暴雨似的人。這種人沒有太多的心機，喜歡直來直往，不會轉彎，同時他也不會為別人考慮太多。也正是這樣，這種人容易被得罪也容易得罪別人。許多人都不願意和這種性情暴躁的人來往。其實，這是一種對人認識不足的偏見。

首先，這種人常常比較直率。肚子裡有什麼，也就表現出來，不會搞陰謀詭計，也不會背後算計人。他對某人有意見，會直截了當地提出來。所以，與其和那些城府較深的人相處，還不如與這種人打交道。

其次，這種人一般比較重義氣、重感情。只要你平時對他好，尊敬他，視之為朋友，他會加倍報答你，並維護你的利益。所以，和這種人交往，不一定非要那麼客套，或講什麼大道理，你只要以誠相待，他必定真心相對。

最後，這種人還有一個特點，即喜歡聽奉承話、好話。所以，在與其交往中，宜多採用正面的方式，而謹慎運用反面的或批評的方式。這樣，往往可以取得更好的效果。

在求助於這種人的時候，不必含蓄，不必講太多的技巧，有什麼說什麼就可以了。平時交往過程中對他義氣些，搞好彼此的關係，有事情的時候你去求他，只要能做到，通常他不會袖手旁觀的。你可以直接說：「某某某，我有點事情要你辦，如果你能做到的話，就幫我一下吧！」你可以真誠一些，說一些好聽的話，這樣十之八九，他會欣然幫助你的。

(3)傲慢無禮的人

在日常交往中，有些人往往自視清高，目中無人，表現出一副「唯我獨尊」的樣子。與這種舉止無禮、態度傲慢的人打交道，實在是一件令人難受的事情。可是，如果我們有事相求而不得不與這種人接觸，又該怎麼辦呢？

有人說，對這種人就必須以牙還牙。他傲慢無禮，我便故意怠慢他。這種做法在有些時候也許是必要的，但它通常感情成分大，甚至是感情用事，似乎對方的傲慢清高對我們是一種侮辱，於是，我們也要用這種方式去回擊他。但理智現實地思考一下自己的處境和目的，我們就會發現尋找適當的接近方式讓他認可接納你才是上上之策。因為，如果他傲慢，你怠慢，便很可能使交往無法進行下去，這顯然對我們不利。所以，我們應該從如何使自己辦事成功出發來選擇自己的行為方式。

對此，最合適的方式有三條：

其一，盡可能地減少與其交往的時間。在能夠充分表達自己的意見和態度，或某些要求的情況下，儘量減少他能夠表現自己傲慢無禮的機會。一次就把事情搞定是最好的。這樣，對方往往也會由於缺少這樣的機會而收斂自己的氣焰從而不得不認真思考你所提出的問題。

其二，語言簡潔明瞭。盡可能用最少的話清楚地表達你的要求與問題。這樣，讓對方感到你是一個很乾脆的人，是一個很少有討價還價餘地的人，因而約束自己的行為，不會太放肆。

最後，不要認為對方對你客氣，你就認為他熱情有禮貌，他多半是缺乏真心的。最好在不得罪對方的前提下，達到你的目的，所以和這樣的人說話辦事一定要小心謹慎。

(4)自私自利的人

所有的人在社會交往中，都討厭那種自私自利、不顧別人的人。因為這種人心中只有自己，凡事都將自己的利益擺在前頭，從不肯為別人有所犧牲。但在日常交往中，遇到這樣的人，該辦事時還得辦事。

自私自利的人儘管心中只有自己，特別注重個人的得失和利益，但是，他們也往往會因利益而忘我地工作。我們對他們不必有太高的期望，也沒有必要希望他們能夠像朋友那樣以義為重，以情為重。與這類人的交往可以僅僅是一種交換關係，做多少事，給多少利，做得好壞不同，利也不一樣。人們之所以普遍地對這種自私自利的人感到厭惡，在很大程度上都是由於僅僅按道德標準去衡量人，以其作為社會交往的準繩。這不能不說是片面的。社會交往除了道德標準還有價值標準。當我們以一種利益標準去衡量他時，你就不會在任何時候都對他們「敬而遠之」了。

從另一個角度看，自私自利的人也有他們的特點——善於算計。如果我們能夠透過適當的方式，將他們這種特點加以引導利用，也可以發揮優勢，為我們做一些事情。例如，讓這種自私自利的人做義工，服務一些人，他肯定不會答應。但是如果讓他做一些財務工作，由於對他的胃口，他也樂意做。在有嚴格約束的情況下，他們往往會成為集體的「守財奴」，這樣豈不是一件好事嗎？

(5)態度冷淡的人

生活中常常有這樣一些人，他們往往是我行我素，對人冷若冰霜，他不會注意你在說什麼，甚至你會懷疑他有沒有聽進去。和這類人打交道，的確讓人感到不自在、不舒服，但出於工作、生活的需要，我們又往往不得不求助於他，那麼，在這種情況下，出於維護自尊心的需要，我們是不是也要採取一種相應的冷淡態度呢？

從形式上看，似乎他怎樣對你，你也可以以同樣的方式去對待他。但是，這種想法是不恰當的。首先來說是我們有事情求助於他而不是他求助於我們，用前面章節的話來說就是尊卑關係，優勢劣勢很明顯，以冷淡對待冷淡對我們求人辦事有害無益。

其次，他們的冷淡並不是由於他們對你有意見而故意這樣做，而是他們性格的一種自然表現。儘管你主觀上認為他們的做法使你的自尊心受到傷害，但這絕非是他們的本意，他們也沒有意識到對你的傷害。因此，你完全不必去計較它，更不要以自己的主觀感受去判斷對方的心態，以至於也做出冷淡的反應。這樣，常常會把事情弄糟。

其實，儘管冷淡死板的人一般說來興趣和愛好比較少，也不太愛和別人溝通，但是，他們還是有自己追求和關心的事，只是別人不大瞭解而已。所以，在求他之前和辦事之中，不僅不能冷淡，反而應該多花些工夫，仔細觀察，注意他的一舉一動，從他的言行中，尋找出他真正關心的事來，盡可能地瞭解他。一旦觸到對方所熱心的話題，他很可能馬上會一掃往常那種死板冷淡的表情，而表現出相當大的熱情。而這時候也是你們關係最融洽的時候，提出要求自然容易滿足。

另外還應該注意的是，在這個過程中需要更多的是耐心，要循序漸進，要設身處地為他們著想，維護其利益，逐漸使他們去接受一些新的事物，從而調整和改變他們的心態。這樣，遇到事情要拜託他們時，我們也不會輕易碰釘子。

求助於人時一定要學會「因人而異」，根據對方的個性制定求助策略，這樣才能提高辦事成功的幾率。「一種米養百樣人」，你要求助之人的性格當然不限於這幾種，所以你要學會先研究人再求人，這樣辦起事來才會遊刃有餘。

7.求人別忘了致謝

求人辦事時，人們最常犯的一個小毛病就是疏忽致謝。有些人可能是覺得對方是自己的老朋友、親戚，幫自己點忙是理所當然的事，或者雖然對方幫自己辦了事，可自己當初也送了禮。這些想法都是大錯特錯的，無論什麼人幫了你忙都該得到你的感謝。

致謝必須是發自內心的，同時不管對方是陌生人還是親朋好友，都要有所表示，可是許多人卻忽略了這一點。事實上不論是一般關係的人還是親朋好友，都願意聽到感謝的話，雖然相較於他們的付出是微不足道的，但受惠人一句真誠貼切的話對他們無疑是一種心理上的補償。

王曉遠離家人在上海工作，有一次他請同事老張的夫人織了件毛衣，式樣新穎，手工精細，他登門直誇老張好福氣，爾後逢人便讚張夫人好手藝。王曉的語言回報無疑是得體的。間接誇老張好福氣，實際是說張夫人賢慧能幹，裡外幾句話說得老張兩口子心裡暖烘烘的，背地裡直說王曉懂事理。

對熱情相助的人，在物質上給以回報，也是一種不失禮節的方式。物質交際雖然不是人際交往的主要方式，但它畢竟存在於現實生活之中。我們提倡淡化物質交往，並不是要取消物質交往，而是要讓這種交往多一分真情，少一分銅臭味。

有時適量的物質回報是培養良好的人際關係的特殊需要。比如某人曾多次幫助過你，某一天當他生病住院的時候，你拿上禮物去探望，無疑對他是一種莫大的慰藉。物質回報要遵循適度的原則，適量地「禮尚往來」，不要出於功利目的藉回報之名行賄。

當語言回報不足以表達心意，物質回報又不合時宜時，行為回報不失為一種得體的回報方式。

小林幼時父親不幸去世，是城裡的叔叔供他上高中、念大學。近來叔叔體弱多病，小林經常利用空閒時間幫叔叔做家務，還時常利用機會尋醫找藥。做叔叔的聽在耳裡，看在眼裡，喜在心裡。

行為回報雖不像語言回報和物質回報那樣悅耳、顯眼，但它是無價的。於細微處見真情，好的行動無須用語言證明。當一個具有真才實學的青年求職時歷經挫折終被一位賢明的「老闆」錄用之後，最好的報答不是好言好語，也不是厚禮，而是實幹。

希臘一位哲人曾說：「感謝是最後會帶來利益的德行。」善於求人的人經常都備妥感謝之辭，因為它往往成為人與人之間交往的潤滑劑，在生意上的來往也因它而順利進行。

事實上，沒有人不喜歡常聽到感謝之辭。因此把「謝謝」二字隨時擺在心中，需要時刻派上用場，沒有比這個既簡單又容易的方法了。

那麼，怎樣說謝謝呢？表達謝意可以用很多方式說出來。然而，無論被怎樣裝扮，譬如用鮮花、午餐、回報，或者其他方式，但這個詞，或它的一種變化，一定要說出來或寫下來。以下是一些傳播這個不起眼但卻絕對重要的資訊的方法：

(1)明白地告訴他你的感謝。告訴他，他為你做的對你來說是很重要的，和他在哪一方面幫助了你：「我真的非常感謝你寫的電腦程式給我的幫助，起碼為我省下了六個小時的時間。」

(2)對對方的幫助給予讚揚。讓對方明白你認為他為你幹的事是很特別並值得認可的：「謝謝你的幫助！像你這樣體貼人的老闆真不多見。」

(3)表示出回報之意。告訴這個人你感謝他為你做的，並準備回報這個好心人：「我很感激你能在開會時回我的電話，以後只要有用得上我的地方，請隨時叫我！」

(4)寫便條表示感謝。說聲謝謝是很有作用的，但寫下來會更勝一籌。不妨親筆寫一個紙條表達你的謝意。

(5)送份小禮物。送份禮物並附上一張便條。只要你送的禮物能夠非常適當地表達出你的感激之情，送什麼都行。

(6)透過他人傳達謝意。告訴別人你有多感謝他為你所做的一切。最後這話一定會傳到給予你幫助者的耳朵裡去：「張經理這人真好！他幫我安排了那次會面。要是沒有他的幫忙，我真不知該怎麼辦好。」當你的感謝透過別人的嘴傳到他耳朵裡時，定會增色不少。

(7)主動提供幫助。與他們在一起，主動提出為他們的工作助一臂之力，「我來幫你幹這事兒。別客氣，你幫我的次數太多了。」

(8)請客吃飯。邀請他去吃中餐或晚餐，一定要表明你這是為了感謝他的幫忙。如果你邀請的是已婚者，應當把他的配偶一併邀請去。

「晴天留人情，雨天好借傘」，一句致謝話，一份小禮物並不會讓你有什麼損失，卻會給對方留下良好的印象，把你當作值得幫助的人，下次你再開口求人，人家就會更願意幫你。

CHAPTER 3 Decision

別讓細節毀了大事的抉擇

決策關乎個人命運、事業成敗、企業存亡，一個決策帶來的影響是極其深遠的。所以在做決策時一定要慎之又慎，各個方面的問題都要考慮到，再小的細節也不能忽視，再小的錯誤也不能放縱。除此之外，還要消除自身可能對決策產生影響的小毛病、小問題。如此一來，才能在大事面前做出正確的抉擇。

1.一招不慎就會滿盤皆輸

正確的決策者不但能夠統觀全局，而且還要能夠注意各個細節的微妙之處，以發展、變化的眼光注意各個細節的隨時變化，並能預測其變化之後對全局的影響，做到有的放矢。如果稍微忽視其中的一個細節，就很可能導致決策失誤，造成巨大損失。正所謂「一招不慎，滿盤皆輸」就是這個道理。

坐過上海地鐵的人，一定都知道上海地鐵二號線的故事。上海地鐵一號線是由德國人設計的，看起來並沒有什麼特別的地方，直到中國的設計師設計的二號線投入運營，才發現一號線中有那麼多的細節在設計二號線時被忽略了。結果二號線運營成本遠遠高於一號線，至今尚未實現收支平衡。

上海地處華東，地勢平均高出海平面就那麼有限的一點點，一到夏天，雨水經常會使一些建築物受困。德國的設計師就注意到了這一細節，所以地鐵一號線的每一個室外出口都設計了三級臺階，要進入地鐵口，必須踏上三級臺階，然後再往下進入地鐵站。就是這三級臺階，在下雨天可以阻擋雨水倒灌，從而減輕地鐵的防洪壓力。事實上，一號線內的那些防汛設施幾乎從來沒有動用過；而地鐵二號線就因為缺了這幾級臺階，曾在大雨天被淹，造成巨大的經濟損失。

德國設計師根據地形、地勢，在每一個地鐵出口處都設計了一個轉彎，這樣做不是增加出入口的麻煩嗎？不是增加了施工成本嗎？當二號線地鐵投入使用後，人們才發現這一轉彎的奧秘。其實道理很簡單，如果你家裡開著空調，同時又開著門窗，你一定會心疼你每月多付的電費。想想看，一條地鐵增加點轉彎出口，省下了多少電，每天又省下了多少運營成本。

從這兩個細節中，我們就很容易發現兩條地鐵線之間的巨大差距，而事實上，上海地鐵一號線和二號線之間的細節差距遠遠不止這兩條。就是這一點點的細節差距造成了二號線地鐵運營虧損，支大於出的財政尷尬局面。

從設計者的角度講，中國人的智慧不比德國人差，畢竟中國人也被稱為世界兩大智慧人種之一，可為什麼在地鐵設計中差距如此之大？原因當從細節說起。中國人的工作認真和精細程度，比起德國人的嚴肅、認真、一絲不苟差得很遠。甚至比起日本人都稍遜一籌。日本人在機床操作訓練中，每個工人按電鈕之前都必須認真考慮三秒鐘才可以按下電鈕，否則就會被一腳踢倒。中國的許多工廠請日本的專業人員培訓員工時，都難以接受日本人的這種刻板和精細。許多中國工人也正是因為自己的不夠嚴謹沒少挨日本培訓人員的「一腳踹」。但優點就是優點，任何一個優點都值得學習。因為，就連中國的古人都告誡過後人「一招不慎、滿盤皆輸」，然而中國的後輩仍常常忽略細節。

隨著市場經濟的進一步深入，國際競爭的全球化擴展，未來的競爭將趨向於細節的競爭。

企業只有注意細節，在每一個細節上做足功夫，建立「細節優勢」，才能保證基業常青。任何一個決策沒有注意到細節的發展變化都很可能使一個優勢企業淪落為劣勢企業，一個劣勢企業瞬間瓦解。

一個公司在產品或服務上有某種細節上的改進，也許只給用戶增加了一％的方便，然而在市場佔有的比例上，這一％的細節會導致幾倍的市場差別。原因很簡單，當用戶對兩個產品做比較之時，相同的功能都被抵消了，對決策起作用的就是那一％的細節。對於用戶的購買選擇來講，是一％的細節優勢決定那一百％的購買行為。這樣，微小的細節差距往往是市場佔有率的決定因素。

日本SONY與JVC在進行錄影帶標準大戰時，雙方技術不相上下，SONY推出的錄影機還要早些，兩者的差別僅僅是JVC一片是二小時，SONY一片是一小時，其影響是看一部電影經常需要換一次帶。僅此小小的不便就導致SONY的錄影帶全部被淘汰。

微軟公司，這個企業界的神話，它的管理理念也就像它的名字「微中見大，軟中寓剛」。「微」，即小中之小，但它又是大中之大，產品一出，風行全球。「軟」，即柔，但它以柔克剛，擊敗眾多競爭對手，成為業界老大。對於每一套產品，微軟為什麼每年都要投入幾十億美元來改進開發新版本？就是要確保多方面的優勢，不給競爭者以可乘之機。這就是微軟從細節處入手，做出決策創造企業業神話的秘訣。

這是一個細節制勝的時代：

．國際名牌POLO皮包憑著「一英吋之間一定縫滿八針」的細緻規格，二十多年立於不敗之地；

．德國西門子手機靠著附加一個小小的F4彩殼而使自己也像F4一樣成了萬人迷……

．寧波市一位副市長在飛機上因幫助一位香港客商撿眼鏡而引進鉅額投資。

我們已經生活在「細節經濟」時代，細節已經成為企業競爭最重要的表現形式，所謂「針尖上打擂臺，拼的就是精細」。

作為一個企業的主管，決策權握於掌中、出於口中、成於腦中，任何一個細節都影響著決策的成敗，而任何一次決策的成敗也都源於對細節的精確掌控力。要正確做出決策必須要注意細節中蘊藏的天機，以防功虧一簣。

2. 細節中潛藏的決策魔鬼

任何一個戰略決策和規章法案，都要想到細節，重視細節。任何對細節的忽視，都可能導致決策失誤。因為，細節中潛藏的決策魔鬼會戲弄不注意它們的人。

美國是全球網際網路革命的主管，但寬頻目前在居民家庭中的普及率並不高。

美國以一九九六年頒佈的新《電信法》為基礎的寬頻政策規定：美國各地方電話公司必須將其網路拿出來供寬頻運營商共用，意在透過這樣的管制，鼓勵ADSL（數位用戶線）等採用電話交換系統參與寬頻業務領域的競爭，以大大降低「最後一英里」的連接費用。然而，這一政策忽視了一些細節問題，成為阻礙寬頻網入戶的重要原因。

在幾年前，網路建設過熱，美國曾出現寬頻建設熱潮。出於對電信容量將迎來爆炸式增長的期待，電信業投資旺盛，然而寬頻業務卻一直未能形成足夠的需求，結果導致電信能力過剩。電信業入不敷出，無法收回投資，日子很不好過，世通、環球電訊等電信巨頭紛紛申請破產。

受政策上「最後一英里」障礙的限制，大量閒置的寬頻主幹網路未能接入用戶家庭。因為與窄頻不同，寬頻入戶需要更多的設備建設投資。美國各地方電話公司出於自身利益考慮，不願意花錢鋪設線路而讓他人坐享其成，而參與競爭的寬頻網運營商因網路泡沫破滅，本來就自身難保，無力投入鉅額資金。此外，寬頻政策中的混亂與不統一，也影響著寬頻最大程度地進入居民用戶。如對於以有線電視方式提供寬頻服務的運營商，就不要求其與競爭對手分享網路設施；而整個寬頻業務行業與影視娛樂業等內容供應商之間也存在矛盾，互相制約。正是這種決策上的失誤，導致了美國寬頻業務發展緩慢。

如果說麥當勞、肯德基、沃爾瑪、豐田汽車公司、賓士公司等常勝不衰是一個個世紀奇蹟，不如說是一個個細節奇蹟。企業的失敗固然有戰略決策失誤的原因，但更重要的原因是細節上做得不夠。而且，就決策做出的依據來說，決策失誤也是由於細節不夠造成的。幾乎所有成功的企業，無一例外都重視細節。正如麥當勞總裁弗雷德·特納所說：「我們的成功顯示，我們的競爭者的管理層對下層的介入未能堅持下去，他們缺乏對細節的深層關注。」

中國不缺雄才大略的戰略家，缺少的是精益求精的執行者；不缺少各類管理制度，缺少的是對規章條款不折不扣的執行。不注意細節的決策和施行必將引導悲劇的上演。細節中潛藏的魔鬼既可以將你送入天堂，又可以將你引入地獄。有的人注意細節，結果一夜崛起。有的人卻忽視細節，一朝落敗。

一家大型企業的人事部要招一名資源管理部主管，招聘當日，現場人滿為患，地上散落的廢紙被應聘人員的鞋底踩的狼狽不堪。接近尾聲的時候，招聘方的人事經理看見不遠處的一個人正由遠而近地邊走邊撿地上的廢紙。當他來到經理的面前，這位經理問他為什麼要撿這些廢紙，它們已經是被利用過的。他回答道：「這些紙雖然已經利用過了，但另一面仍然可以再利用，否則就太可惜了。」這位經理臉上這才浮現出欣慰的笑容。原來，那麼多的應聘者中，沒有一個人注意到這個細節。而這個細節正是招聘設置的一道無聲的考題。因為資源管理部的主管就是負責管理資源，避免浪費的。在諸多的應聘者中，一開始那麼多人卻沒有一個人注意把廢紙撿起來等待再利用，確實讓這位人事經理很頭痛。不用說只有這個撿廢紙的應聘者獲得了這個職位。

一個企業的盛衰源於細節，一個人的起落源於細節，一個決策的正誤同樣源於細節。關注細節中潛藏著的那個魔鬼並非所有人都能夠做到。因為既是細節就很難放在表面上讓人一眼就能看到。而既然是魔鬼當然就有它該有的威力，天堂和地獄的歸屬只憑它的一個指頭就可以劃定界限。

當初中國從日本進口縫衣針的時候，好多人都感到驚詫：一根針還要買日本人的？看到了日本的針才發現，我們常用的針是圓孔，而日本的針是長條孔，這是為照顧老人們眼花而設計的。上海內環高架橋不允許一噸以上的小貨車上橋，一個月以後，零點九噸的日本小貨車就在上海接受訂單了。這些都說明了日本的企業十分注重細節。在實際操作中，要做到這些是不容易的，因為只有行銷部、生產部、物料部、採購部、研發部、製造部通力協作，才能將這件事做好。但是如果你在決策和設計的過程中，根本就沒有考慮過，恐怕你連市場的殘羹剩飯也分不到。

3.能採納雅言，決策才顯英明

決策過程中，許多人喜歡獨斷專行，對來自各方面的意見充耳不聞，結果常常會落得節節敗退。事實證明，好的決策一定是建立在採納雅言長基礎上的。

其實，每個人身上都有優點。一個任務下達之後，每個人都會在自己的腦子裡形成對這項任務高效完成的示意圖。不同的人會從不同的角度注意細節。把每個人注意到的這些細節匯總可能就是一個很好的決策方案。無論誰處在決策者的位置都應該善於發現他人的優點，聽取他人的正確意見，採納雅言，這樣才能讓決策英明而得以順利施行。

某些管理人員，對於別人提出的意見總是步步設防，似乎接受意見就是承認自己無知，暴露自己的不足。

某些更為武斷的管理人員則乾脆「拒忠告於門外」。在做出任何答覆時都擺出一副傲慢的神態，似乎自己無所不知。如果你斗膽對他們提出意見，他們會搖頭、皺眉並打斷你。

但當組織機構有所變動，或者新主管上任時，那些抵制忠告的管理人員通常會遭到應得的懲罰。

優秀的決策者本身也善於注意細節提出意見，而且樂於接受他人意見。如果不能提供意見，他也會向你提議能獲取意見的地方。他的忠告總是為了幫助別人，或是解決問題，或是改進工作，諸如此類。他提出意見的動機總是高尚的，而絕不是帶有其他目的的。

現實生活中你會看到某些優秀的決策者拉著某人的胳膊，溫和地勸告他不要在大庭廣眾之中信口開河；或者當某人進辦公室要他簽字時，他會說：「坐下吧，我們談談，我想給你提些建議……」

另一方面，優秀決策者總是接受來自各方面的意見，部下的、同事的或經理的。如果對需要做出決定的問題不是很明確，他會尋求別人的建議：「張先生，也許你能給我提些意見。如果處在我的地位，你將怎麼周全地處理這個問題呢？」

接受意見，就你的某個重大決策聽取周圍人的意見。洗耳恭聽，不要打斷人家，說不定你可以從他的意見裡發現自己從未注意過的細節。而事實上從諫如流對決策者並無害處。所謂「仁者見仁，智者見智」，不同的人注意事物的出發點不一定相同。別人發現了該注意的細節問題告訴了你，你不接受，那你不是傻瓜就是笨蛋。聰明的人總會利用他人的長處，補己之短。這也是企業用人的主要標準。

企業的生命在於人力，而最大的人力來源於主管有效地發現所有下屬的才智，便其各盡所能。但是由於有些主管經常使用自己信得過的下屬，而疏遠那些尚待發現的人才，致使某些工作難以展開。

決策者應該敏銳地從細節處發現下屬潛在的才能，並且不灰心、不氣餒地幫助他人發展才能。如果具備了這樣的精神，或許別人認為平凡或一般水準以下的人，也有可能產生非凡的能力，這是多數人預料不到的。因此作為大權在握的決策者們，一定要認真做這項細活。這樣既有利於工作的開展，決策的實施，又利於威信的提高。何樂而不為？

成功的決策者往往首先是一個善於注意細節的人。為了從細節處發現自己的不足，他們會故意降低姿態向自己認為是優秀的人才那裡吸取他們想要的東西。他們會故意將自己的薄弱環節暴露給人看，把自己設想會遇到的難點告訴別人，引導別人提出不同的意見。他們很清楚地知道，不斷改進自己，才能使自己的決策萬無一失。

4.不要因為小問題改變決策

一條船在海上航行，遇到風吹浪打是再平常不過的事。作為掌舵的船長，是否可以因為稍遇風浪就讓航船改變行進的方向？當然不可以。同理，一個企業在商場中奮鬥，稍遇風險，決策的執行是否就可以中止或廢棄？企業的決策者是否就可以讓決策案朝令夕改？

當然，企業環境不斷地變化，公司決策當然也需相應地改變。然而任何決策的成敗，均需經過相當時間的證明。如果作為主管的你，只有積極性但缺乏耐心，別人花費許多時間所策劃的方案實行三天之後就被取消，或者花費數個月醞釀的計劃因為訪客的一句話而告全盤推翻，你的做法或許可以解釋為當機立斷，但你永遠不會瞭解，決策是一個過程，要有執行和檢查以及糾偏等階段。對一個決策，如不能認真執行並善於總結，你便會發現，儘管公司上上下下都很忙，但是在忙著收拾殘局，忙著在挖東牆補西牆。結果卻仍然是毫無成效，甚至使公司陷入困境。

若一再地修改決策已經成了你的習慣時，這顯示出你的不勝任。因為，如果一個人對事務無法做出有效的判斷，過於優柔寡斷而無法下決定，這個人根本不適合擔任主管職務。員工也會因此而厭倦工作。

影響決策改變的主要因素，通常來自於大環境的改變，包括董事長的想法、客戶的想法改變了，政府的決策變了，經濟環境出現波動等等。但是這都是有脈絡可循的，決策絕不應該平白無故就出現一百八十度的大轉變。

更糟的情況是，你的決策過程有問題，因為你並非依據一定的程式，例如搜集資料、分析討論來做決策，而是照個人的喜好與直覺做判斷。

決策並非你一人便可決定，因擔任管理職務久了，你可能欠缺對於第一線業務或資訊的掌握，所以正常的決策過程，必須借助部門上下的討論與共識，而不是你的獨斷專行。

一個組織的文化和中短期目標，在決策過程中扮演著相當重要的角色，如果一個組織連自己要賣牙膏還是賣電腦都不清楚，想必決策一定是朝令夕改、搖擺不定。

剛上任的你一開始或許因為承受過多壓力，多少會出現決策搖擺不定的狀況，但是如果到了朝令夕改的程度，那麼你就很難在主管崗位待下去了。

若真為了大環境的改變，迫使你必須隨時彈性地改變策略時，如何不讓部屬覺得朝令夕改呢？此時，你與部屬之間因平日的溝通而建立的互信基礎便是關鍵所在。

平時你未能善意經營，導致組織內缺乏互信，待決策必須彈性應變時，才要求員工配合、支援，當然太遲了，自然會被視為朝令夕改。

所以你應該注意與部屬做定期的溝通，對細節性問題商討，對彼此的理念與意見有一定程度的瞭解，對任何重大事項都能交換意見，才能堅持「無突襲」決策，任何決策的宣佈都不會顯得隨意且突兀，避免造成部屬的信心危機與認知衝突。

「治大國若烹小鮮」是非常有名的格言。一九八七年，美國總統雷根曾在年度國情咨文中引用。新日本製鐵公司總經理武田豐在一九八八年開發國家五國財長會議結束後，針對日元升值的日本經濟形勢也引用這句名言，批評財界不採取穩妥政策，造成外匯市場急劇動蕩，使經濟發展遇到麻煩。

「治大國若烹小鮮」，喻示著為政的關鍵是恬淡無為，不擾害百姓。在企業管理中，萬不可朝令夕改，隨欲而行，必須小心謹慎。因為，有時你覺得只是一個小小的改動，員工便會無所適從，那就更談不上提高工作效率了。

企業決策在執行過程中一定會遇到諸多細節問題，但如果它們不足以成為運行障礙的話，完全沒有必要去改變決策。就如微風吹到樹枝上，必然會讓樹枝搖一搖，但不可能因為樹枝被吹的搖了幾下，就讓大樹另擇土壤而生一樣。

作為企業的決策者，你必須注意細節，但不能因細節的變動讓決策朝令夕改。如果這樣做了，你的威信就會在無意的變動中降到最低。微風何以撼大樹？「微風」的來臨是一個訊息，但訊息的價值必須由你做出評判，將一個無足輕重的訊息放在足以改變決策的位置是一種愚蠢的舉動。所謂細節決定成敗，正是要求你在決策過程中適當把握細節，既不能對細節視若無睹，又不能草木皆兵。

5. 就業決策從小到大

常聽到一些年輕人感歎就業難，其實就業並不難，只要他們能重視小事，願意在一些微不足道的崗位上辛勤工作，他們就一定會擁有美好的明天。

現在的年輕人剛邁出校門踏入社會時，總對自己的期望很高，不屑於處理許多雜七雜八的細碎問題，總想一步登天。在他們眼裡自己是天之驕子。殊不知，自己正是象牙塔上的那一點，永遠看到的只是象牙塔的那一圈。沒有想到山外有山，天外有天。所以他們常常認為自己一出校門就必定要成就一番大事業，找工作時總是挑最好的公司，遇到工作任務時也「挑大棄小」。因為大事情可以顯現自己的能力，小事情卻是浪費自己的時間。不過常常聽到很多公司的高級主管說，那些從大學畢業的年輕人，往往是小事情不做，大事情又做不好。想想也的確是這樣，生活中的天才畢竟是少數，大多數人都需要時間和經驗的磨練，沒有哪一個人在沒有學會走之前就開始跑的，不會處理小事情就不會處理大事情。

喬恩大學畢業後如願以償地進入了全美最大的收銀機公司。但是看看他的工作吧，他被錄取為該公司電話遠端支援人員。簡而言之，就是別人在買了收銀機後，遇到什麼使用上的困難時就打這個電話以求幫助。這是這個公司中小得不能再小的工作了。

作為一個大學畢業生，很難確保喬恩會堅持這份工作。不過，幾個月過去了，他愉快地告訴周圍的人，現在他幹得很起勁。

其實很簡單，就是喬恩認真地完成了老闆交給他的第一個階段的初級工作，之後老闆當然就交給他另一個更加重要的任務了。作為電話修理員，的確沒有更多的機會現場接觸儀器，但是要做一個優秀的修理員卻必須對儀器有相當深入的瞭解，所以對於修理員的要求其實相當高。但是，其他很多修理員，因為一天八小時全坐在電話椅上等待電話，所以對於儀器的處理他們僅僅停留在學校所學的知識和公司發放的故障解除手冊上的答案。當然，這也不能埋怨他們，一天的時間全耗在等電話上，哪有更多的時間來尋求別的答案呢?但是，這樣一來，常常有很多問題並不能實際有效的解決，實際和理論差距往往是很大的。

很多人都發現了這個問題，但是卻沒有人想去改變它。是啊，薪水不多，職位不高，認真按照公司發放的手冊工作就完全足夠了。

喬恩也發現了這個問題，他看到很多用戶遇到的困難在修理手冊上並沒有現成的答案，那麼，到底怎樣才能幫助這些用戶解決這些疑問呢?從此，每天下班後，喬恩就留下來細細地研讀從其他技術生產部門借來的技術書籍，每一個細節中可能會出現什麼樣的問題，他都要弄得清清楚楚。慢慢地幾個月下來，喬恩對收銀機有了相當詳細的瞭解。隨著自己的進步，他又不斷地要求自己，不斷地學習新的東西。漸漸地，越來越多的用戶願意把電話打給他。因為他們的困難在喬恩這裡總是能得到實際有效的解決。

很快，喬恩在用戶中居然有了很大的名氣。大家一傳十、十傳百，紛紛要求總機把電話轉到喬恩的分機上。喬恩的分機每天都快被打爆了，而很多修理員卻一天也接不到幾個電話。公司總經理發現了這件事，一天他裝作一個客戶打電話尋求喬恩的幫助。總經理的困難自然是難上加難，但是，毫不例外，在喬恩這裡他得到了自己滿意的答案，同時他發現，喬恩的服務態度非常好。令他驚訝的是，一個小小的電話修理員，居然懂得這麼多技術上的知識，簡直比那些做了多年的技術人員瞭解得還多、還全面。

年底，技術部經理離開了公司，這個大家垂涎已久的工作，老闆到底會交給哪個人呢？總經理找到喬恩，詢問他是否願意調換到技術開發部工作，喬恩答應了。很快，他就在自己的電話桌上發現了調換工作部門的通知書。

其實，對於自己的工作你永遠有一個最明智的決策——那就是好好幹。在同一個工作崗位上，有的人腳踏實地，付出的多，自然收穫也多。有的人整天一門心思地想調換工作，想被老闆委以重任，卻不做好自己眼前的事情。所以，將來的被重用自然也輪不到這樣的人。

大部分年輕人總是看不到自己將來的晉升是建立在目前忠實地履行日常瑣碎工作的基

礎上。只有踏踏實實地做好自己的本職工作，才有可能給自己創造新的機會。所以，對於自己目前的工作，雖然職位不高、分量不重，但是它卻是別人發現你的能力的有效途徑，如果你因為輕視這樣的工作而沒有做好它，別人會說什麼？他們一定會異口同聲地說，這個人連這麼簡單的工作都做不好，那他還能做什麼呢？因而，其他可能的機會自然不會輪到你。相反，只要你把自己的工作做得比別人出色、完美、迅速、準確，也比別人更熱愛你的工作，那麼是沒有任何人能阻礙你的前進的。往往就是在這些極其平凡的細節中，蘊藏著巨大的機會。成功者與失敗者的差別就在於，前者無論做什麼總是力求盡自己的最大努力，決不放過任何一個細節。而後者卻把時間花在埋怨上，等別人都前進一大截了，他還沒有醒悟過來。

同時我們不應該以世俗的眼光來判斷自己的工作。很多工作，在一些外行人眼裡也許很平常。但是他們之所以是外行就是因為他們不能認清這份工作背後所能獲得的東西。獲得機會，這是每一份工作的目的所在。所以，我們不應該看輕自己的每一份工作。即便是最普通的事情，也應該全力以赴、盡職盡責。小事情順利完成，有助於對大事情的把握。一步一個腳印地前進，才是透過工作獲取能量的秘訣所在。

如果一個努力勤奮的年輕人，忘記去修自己的靴子，那麼下雨天進了水的靴子必然會讓他感到寒意。如果這天正好有一場重要的面試，那麼極有可能會毀了他當天的面試。可是有人會問：「如果一個人總是糾纏於一些小事，而忽略其他的重要事情，那麼他怎麼能夠全力地去追求自己整個職業生涯中的宏偉計劃呢？」其實這種想法是錯誤的。生活中的大事是依靠那些小事而存在的。這也就是為什麼那些最小的事情，那些平淡無奇的事情，那些被一些人不屑一做的事情，有必要像對待重要的事情一樣以同等效率來處理。

無論你是即將走上工作崗位的畢業生，還是已經走上工作崗位，但對自己工作不滿意的畢業不久的學生，請你記住，當你選擇一份職業的時候，或者已經選擇了一份職業的時候，每一個細節都必須成為你關注的焦點，因為每一個細節都是你可以走向成功的墊腳石。每一個細節的成敗都是別人衡量你能力的標準。把每一件小事做好，學到更多的東西，別人才會放心地讓你辦大事。

6.做一個細心的父母

每個人都有其固有的潛質和天賦，一個留意孩子天性和興趣的父母往往可以從許多細節中發現孩子的長處，因勢利導，培養出一個優秀的人才。反之，就會把一個人才白白浪費掉。

在教育孩子的過程中，任何一個父母在做出教育決策前都應該好好留意一下自己的子女，觀察他們從細節中透露給你的資訊，千萬不可主觀臆斷，強硬施教。

孩子的這種天生的心理欲望，是學習方向的基礎。指導者、家長或老師，能積極地把它引導到正確的創作軌道上去，就會出現良好的效果。

尤其是孩子的啓蒙老師——家長，更應該密切關注孩子活動中的各個細節，這樣可以幫助你確定正確的教育策略。

有的家長常常會讓自己的眼光跟隨社會潮流，認為社會的潮流就是教育指向，指導自己的子女常常是什麼當紅學什麼、什麼賺錢學什麼，絲毫不在意孩子的天分，主觀地認為自己的決斷不會出錯，孩子的興趣是培養出來的，逼著他學就一定會有效。殊不知興趣是可以培養，但把一項完全輕而易舉就能獲得的技能潛力棄之不用，而另擇他途，豈不可惜？再則即使現在非常當紅的一項應用技術，若干年之後是否仍然有它的立足之地，還是個未知數。因此，「羊群效應」是萬萬要不得的。

教育領域和其他領域一樣，能夠久盛不衰的永遠都是那些避開「羊群效應」獨佔先機的人。根據孩子的天分制定教育決策的父母是聰明的父母，他們的教育成果必然是豐碩而踏實的。關注孩子成長中的每一個細節是父母的責任。

CHAPTER 4
Problem

別讓細節毀了成事的契機

善於解決難題的人總是具備更周密的思維和更善於發現契機的眼光。他們會留意任何一個細微的變化，把握每一個細小的環節，利用這些細節化繁為簡，變難為易，讓一個個難題因此而輕鬆解開。

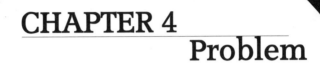

1.解決難題要從細節入手

生活中很容易遇到許多難題，這些難題還都是必須解決的。而解決難題的關鍵往往不是從全局入手，更多的時候從細節入手更容易讓難題迎刃而解。

比如說你要打開一個密室的門必須首先找到那個有用的機關，而這個機關往往是最不易被察覺的。單從整體摸索很難找到關鍵，只有細心的人才可以發現開啓機關的通道。粗心大意、不重小節的人之所以不成功，是因為他們不注意自己身上存在的細節性致命缺點造成的。

生活中，許多小事都值得我們注意，因為這些細節性的小事情往往可以成就大事。

在魯班之前，不知有多少人被長著鋸齒的草葉割破過腿、胳膊，但是只有魯班在被這種草割了胳膊之後，才依據草葉的鋸齒形狀發明了鋸。

在牛頓之前，不知有多少人看見蘋果從樹上掉下來，但唯有牛頓看見蘋果從樹上掉下來，才發現了地球引力，進而發現了萬有引力。

與其他人相比，魯班、牛頓就是一個在細節中成就自己的人。

一位年輕人最初在一個律師事務所任職三年，儘管沒獲得晉升，但他在這三年中，把律師事務所的一切工作都學會了，同時拿到了一個業餘法律進修學院的畢業證書。不少在律師事務所裡工作的人，如果以時間論，他們的資格已經很老了，可是他們卻收穫甚微，仍然擔任著低級的職位，拿著低級的工資。兩相比較，同樣是年輕人，前者就是因為對工作注意觀察、仔細謹慎，並能利用業餘的機會加以深造，終於獲得一定的成功；但後者卻恰恰相反，所以就難有出頭之日。

難題之所以成為「難」題，是因為大多數人都不能解決，大多數人都不在意細節中隱藏著的契機。再難的問題都有可以解決的關鍵，而這個關鍵只留給了少數有心人、能夠重視細節的人。

2.抓住一棵「救命稻草」

稻草是一種很不起眼的東西，但在遇到危難的時候，抓住「一棵稻草」就有活命的可能。當然抓「一棵稻草」也需要你有一雙慧眼，選好時機，看清本質。只有在細微的地方盡全力下足功夫，這根「稻草」才能助你一臂之力。

漢高祖從討伐陳豨的軍中歸來，到達京城，見韓信已被處死，又是高興又是憐惜，問道：「韓信臨死時說了些什麼？」呂後說：「韓信說後悔沒有採納蒯通的計策。」高祖說：「那人是齊國的說客。」於是下令到齊地捉拿蒯通。

蒯通抓來後，皇上問：「你教唆過淮陰侯謀反嗎？」蒯通回答說：「是的，我原本教過他。那小子不採納我的計策，所以自尋死路，落得如此下場。倘若那小子採納我的計策，陛下怎麼能夠殺掉他呢？」皇上發怒說：「煮死他！」蒯通說：「我真冤枉啊！」皇上說：「你唆使韓信謀反，有什麼冤枉？」蒯通回答說：「當初秦朝的法度敗壞，政權解體，山東地方大亂，英雄豪傑蜂起。秦朝失去了它的帝位，天下的英雄豪傑都群起逐之，那些本領高強，行動迅速的人，誰不想搶先得到它。盜蹠的狗對著唐堯狂叫，不是唐堯不仁，只是由於他不是狗的主人。那時，我只知道有韓信，不知道有陛下。況且當時天下磨好武器，拿著利刃，想做陛下所做的事情的人多得很，只不過能力不夠罷了，您能夠全部煮死他們嗎？」高祖說：「饒了他吧。」於是赦免了蒯通。

蒯通在生死關頭，能夠臨危不懼，是因為他知道自己已經抓住了一棵可以救命的「稻草」，抓住天下初定時高祖欲籠絡人心這一細節為自己開脫，因而保住了性命。尤以「蹠之狗吠堯」一句最為生動有趣，一語雙關，既暗指韓信反叛有罪，自己唆使他反叛出於當時的局限；又討好高祖，說他有帝堯之英明。本意是討饒但情緒鎮定，思考冷靜，話說的乖巧，所以，高祖饒了他。這種討饒的方法我們不妨再細細回味，一個抓不住細節和實質的人，在高祖面前說上一千個求饒會不會管用？一個不識人心的謀士，在群雄紛起的時候要為自己找一塊立命之處何等困難？這些細節的東西，往往不被人重視，但也往往是解決難題的誘因。

唐代宗將女兒升平公主嫁給郭子儀之子郭曖為妻。有一次郭曖與公主口角，公主不甘示弱。郭曖說：「你依仗父親是天子，我父親還不愛當那個天子呢。」公主聽了大怒，趕緊乘車回宮告訴了父親。

唐代宗聽後責備升平公主說：「此中道理，非你所知。他父親執掌我朝兵權，他想當天子早就當上了，夫妻間氣頭上的話怎能當真？」然後安慰公主一番，叫她回去了。郭子儀聽說了，把郭曖綁了起來，帶他上殿去請罪。代宗見狀，說道：「民間有句諺語說，『不癡不聾，不當家翁。』兒女閨房裡的事情，不值得一聽。」

郭子儀帶回郭曖，打了他幾十大板，公主見了，哭哭啼啼替郭曖求情。從此二人和好，倍加恩愛。

唐代宗的做法只在幾句話之間就把問題輕而易舉地解決掉了。假如代宗僅為小兒女之間的幾句氣話定了郭曖的欺君之罪，兵權在握的郭子儀必會懷恨在心，為大唐江山的安寧埋下隱患，再則也不利於女兒的幸福。因此，代宗權衡利弊，不計女婿失言之罪，確實顯出了一代明主的氣度。

生活中的許多細節性問題都可能引發嚴重後果，正所謂牽一髮而動全身，以積極的態度處理這些問題是每個人都該學會的。尤其是在處理難題時更應冷靜行事。因為，越是難題就越複雜，千頭萬緒，難以理清，人的心情在這時也極易煩躁不安，更增加了處理難題的難度。抓一根可以解決問題的「稻草」並非每個人都能做到。因此，無論你在任何條件下，都應時時注意培養自己分清主次的能力，切不可讓一些細枝末節的小問題毀了自己的幸福人生。

3. 事無巨細非成事之道

成事不可不重細節，但事無巨細，親自過問一些極為不重要的小事，勢必會在許多時候忽略掉更為重要的大事，甚至會讓許多機會偷偷溜掉。

中國人心目中智者的化身諸葛亮就是一個例子。他一生為漢室天下鞠躬盡瘁，死而後已，卻功敗於垂成之際。「出師未捷身先死，常使英雄淚滿襟」，道不盡一世滄涼、寫不盡一生遺憾。

諸葛亮處事周全，謹小慎微，對他這種性格描述貼切的是《三國演義》裡他第一次兵出祁山的一節。

諸葛亮用馬謖的反間計使曹叡削掉司馬懿的兵權後，開始北伐中原，曹叡派駙馬夏侯楙為大都督來迎戰諸葛亮，於是魏延向諸葛亮獻策：

「夏侯楙乃膏粱子弟，懦弱無謀。延願得精兵五千，取路出褒中，循秦嶺以東，當子午谷而投北，不過十日，可到長安。夏侯楙若聞某驟至，必然棄城望橫門邸閣而走。某卻從東方而來，丞相可大驅士馬，自斜谷而進，如此行之，則咸陽以西，一舉可定也。」

孔明笑曰：「此非萬全之計也。汝欺中原無好人物，倘有人進言，於山僻中以兵截殺，非唯五千人受害，亦大傷銳氣。決不可用。」魏延又曰：「丞相兵從大路進發，彼必盡起關中之兵，於路迎敵，曠日持久，何時而得中原？」孔明曰：「吾從隴右取平坦大路，依法進兵，何憂不勝！」遂不用魏延之計。

其實魏延此計正合兵家奇襲之計，妙不可言。後來司馬懿重掌兵權之後，分析說：「如果是我進兵，我一定要從子午谷進攻，奇襲長安，這樣長安一帶便唾手可得。」魏延與司馬懿可謂英雄所見略同，可過於謹慎細緻的諸葛亮卻不用此計，實在遺憾。

再看後來鄧艾率五千精兵，偷渡陰平，奇襲成都，一舉成功，他沒按正規進攻路線來攻打成都，避開姜維劍門關的大軍，滅了蜀漢政權，此與魏延之計如出一轍。

諸葛亮北伐中原能夠成功的唯一一次機會就在這裡，因為魏主曹叡連續犯了兩個錯誤：一是中了馬謖反間計，削奪了司馬懿的兵權；二是派不諳戰事的夏侯楙為帥來拒蜀。這正好給了諸葛亮天賜之機，如果諸葛亮能抓住這一機會，按魏延之計，率五千精兵直取長安，自己再率軍出斜谷，那麼大事幾乎成矣。再加之其他兵馬呼應，誰能定天下就難說了。

機會是均等的，也是短暫的，成功者的素質就在於能抓住短暫的機會，哪怕是瞬間也不錯過。古往今來成功者無不如此，不管是誰，只要機會閃現，他們便絕不放過。

然而，諸葛亮太過細緻謹慎，造成他在任何事情面前都不會鋌而走險，談笑間，他失去了一個千載難逢一統天下的機會。他博古通今，智慧超群，但卻不敢冒險，一生都在徒勞心智。

唐代趙蕤的《長短經》上說：「知人，是君道，知事，是臣道。無形的東西，才是有形的萬物的主宰，看不見源頭的東西，才是世事人情的根本。」這是教導人們要發揮人才的作用，不要細大不捐，事無巨細，所有的事都要一個人去完成。所以說，會辦具體事的人只是辦事的人，而會使用人的才是真正的主管。劉劭在《人物志》中也說：「一個官員的責任是以一味協調五味，一個國家的統治者是以無味調和五味。大臣們以自己能勝任某種工作為有才能，帝王卻以會用人為有才能。大臣們以出謀劃策、能言善辯為有才能，帝王以善於聽取臣民們的意見為有才能。大臣們以能身體力行為有才能，帝王以賞罰得當為有才能。最高統治者正是因為不必事事精通，不必事事躬親，所以才能統率眾多有才能的人。」

劉劭的話無非告訴人們什麼樣的人才是真正的主管。常常注意一些細小之事而失於對大事的決斷，諸葛亮便是這樣的人。他事無大小，都大包大攬，親力親為，蜀國似乎只有一個諸葛亮是個人才。結果呢？落個好名聲，累死五丈原。就他誘司馬懿出戰就很能體現他這一性格特點。

一次，諸葛亮知道司馬懿因膽怯而不敢出戰，就派使者去激怒他，給他送去一盒禮物和一封書信。司馬懿接過盒子，打開一看，卻是婦人的頭飾和素衣，再看那封信，竟是取笑他身為大將，卻和關在閨房裡的婦人一樣，躲著不敢迎戰，沒有一點大丈夫的氣概。

司馬懿大怒，但他抑制住不肯發洩出來，卻裝出一副笑臉道：「諸葛亮竟把我看成婦人了！」說罷，吩咐把盒子收起來，重賞來人。

接著，他又問來人道：「你們丞相平時飲食的情況怎樣，忙不忙？」來人回道：「丞相每天理事都到深夜，凡是刑棍在二十以上的，一定要經他親自辦理。然而，一天的食物卻吃不上多少。」司馬懿對身邊的部將說道：「諸葛亮確是忠心無私的，只是不肯信託別人，所以事無巨細，什麼都要自己管，做個主帥怎麼可以這樣呢？況且他食少事煩，準是活不多久了！」

使者回到蜀營，把司馬懿接受衣服以及那番話都回報諸葛亮。諸葛亮聽後，不覺歎了一口氣說：「唉，司馬懿可算懂得我了！」原來，諸葛亮由於操勞過度，神思不寧，有時還吐血。

此事發生不久，諸葛亮就因勞累過度，病逝於五丈原。諸葛亮無論是作為歷史人物還是文學形象，其賢相楷模的定論似乎是千古不易的。作為道德人格，他確實有不可否認之處，然而，作為一個政治家，他做得是否成功，卻值得另議。

諸葛亮的確是累死的，他的品德是無可指責的。但是，治理國家的人除了要德行高尚以外，治國的藝術是極其重要的。

「無為而有治」是老子的一貫主張，這種治國方略雖有其一定的局限性，但最值得肯定的是：治國無須事必躬親，抓大放小才是治國之人的成事之道。如果任何事都不放過，只有像諸葛亮一樣，傾盡一生才華和心血，卻落得個無功而終的悲慘結局，豈不可惜？

4.你的眼睛會說話

與人打交道並非易事，畢竟「知人知面難知心」。不過有一個小細節卻可以幫你化難為易，那就是多觀察對方眼神。

例如，一男一女相挽上街，女的必觀察其身邊男的一舉一動，而男的定把視線放在其他來來往往的女人身上——這樣的差別，大概也就是女人與男人在性別上的最大不同點吧！

女人怒氣沖沖地責怪身旁的男人：

「你是怎麼回事，一直在看別的女人，真不像話。」

「沒有，我沒有看啊！我只是認為那個皮包跟你很相配而已。」而眼神卻躲閃不定，似在逃避。

「你說謊，那你買那個皮包給我好了。」女的看出了這一細節中的問題。

如此一來，男人就不得不花錢消災，這真是相當滑稽的事情。

總之，眼神有聚有散，有動有靜，有流有凝，有陰沈，有呆滯，有下垂，有上揚，善於察顏觀色的人不用問你太多的話就可以知你、明你所思。

眼神變動中的每一個細節一旦被人洞察，別人就會以此為依據，採取行動。

孟子說：「存乎人者，莫良於眸子，眸子不能掩其惡，胸中正則眸子了焉；胸中不正，則眸子眊焉。」從眼睛上看人的方法由來已久。無論一個人修養功夫如何深，個性是不會改變的。俗語說，江山易改，本性難移，就是這個意思。因此想要看人的個性還是簡單的，而情的表現則不然。性為內，情為外，性為體，情為用，性受外來的刺激發而為情，刺激不同，情亦不同。情所表現最顯著、最難掩飾的部分，不是語言，不是動作，也不是態度，而是眼睛。言語動作態度都可以假裝，而眼睛是無法假裝的。我們看眼睛，不重大小圓長，而重在眼神。孟子只說到了兩點，其實並不止這兩種。眼神常常會背叛你，觀察眼神就足可知一個人內心所想。

眼神沈靜，便可表明其所認為著急的問題早已成竹在胸，穩操勝券。

眼神散亂，便可表明其對事束手無策。

眼神橫射，彷彿有刺，便可表明此人是異常冷淡的，如有請求，暫且不必說。

眼神陰沈，應該是兇狠的信號。

事實上，你可以隨時觀察他人的眼神以判斷其是否在說謊，或者在回憶。許多實驗表明，人在說謊的時候眼睛總是向左轉，而回憶並組織語言進行陳述的時候卻是不自覺地向右轉，似乎在尋找一個更好的辦法把事實說清楚。人腦中的每一個想法都必然會帶動眼睛的轉動，這也是人們根據眼睛判斷一個人是否聰明的依據。

蘇聯作家費定在小說《初歡》中這樣描寫人的眼睛：「李莎初次發現，人的眼睛會表示很多的意義……眼睛會放光，會變得像霧一樣暗淡，會變成模糊的乳狀，會展開無底的深淵，會像火花像槍彈一樣向人投射，會把冰水向人澆灌，會把人舉到從來沒有人到過的高處，會質問、會拒絕、會取、會予、會表示戀戀之意，會允諾、會充滿祈求和難忍的表情，會毫不憐惜地折磨別人，會準備履行一切和無所不加拒絕。啊，眼睛的表情，遠比人類瑣瑣不足道的語言來得豐富。」

如果平日木訥寡言的人突然對人口若懸河，而在交談中一碰到別人的視線就趕緊移開，那一定做了什麼虧心的事。

剛進入印鈔票工廠的新工人，見到堆積如山的新鈔票，眼花繚亂。有人開玩笑，「只要這一點就行了」，「可不要拿錢跑了呀！」等等。其中一定有人不僅不插話，而且還故意把視線從鈔票上移開不看。這種人其實最危險，可能他在心中想設法把鈔票拿走，而轉移視線這種反應是對想拿鈔票心理的沈默地表現，可以看做是和見到強敵時相同的心理。這類人只要稍有機會便會下手。相反的，能在人前開玩笑，說「把錢偷走」之類的話的人，反倒有較大的安全性。並不是說這種人對鈔票的欲望小，而是說因為這種欲望夾雜在玩笑話中，無意識地被消除的可能性大些罷了。

視線的轉移是人的內心活動的反映。在交談過程中，別人可以從你的眼神中得到許多所期望瞭解的真實的東西。

艾克斯萊因博士透過多次實驗得出：當一個人說話時把眼光移到別的地方，通常表示他還在做解釋，不想讓別人打岔。

要是他中止談話，用眼光凝望他的同伴，這就是已經把話說完了的信號。如果他中止以後，並不望向交談的同伴，它的意思就是說他尚未講完。他發出的信號是：「我想說的就是這些了。你有什麼意見？」

若是一個人正跟他講話，他沒有聽完就看別的地方，就表示「我不完全滿意你所說的話。我的想法和你有點出入。」

要是他說話時看別的地方，可能是說：「我對自己所說的話並沒有什麼把握。」

當他看到別人說話時望著說話的人，這是表示：「我對自己所說的話很有把握。」

所以，生活中你的眼神可以告知別人你的真實想法，而你也同樣可以從別人的眼神中看清他的真實意圖，掌握一個人眼神的變化有時恰恰是處理難題的突破口。

5. 教育難在注重變化

教育似乎是這個世界上最難的事，每一個受教育者都是一個可以獨立思考的個體，他們的心靈無時不在變化。施教者如果不善於觀察、分析，並採取上佳的行動，很可能在一瞬間就給正在成長的幼苗當頭一棒，在他們的心靈中埋下難以抹去的陰影。關注孩子的一舉一動，注意他們在每一個細節中流露出的資訊是施教者必須做好的工作。

一個孩子從哇哇啼哭到牙牙學語，從蹣跚學步到行走如飛，其成長速度是十分驚人的。而在父母身邊，他又是在不知不覺地、悄悄地發生著變化，從未成熟狀態走向成熟狀態，從對父母的依附地位走向自主地位。

我們常聽到父母抱怨：孩子這麼不聽話，你不讓他做他偏要做。下雨了，大人往屋裡躲，孩子卻往雨裡鑽；逛公園，你慢慢走，孩子卻飛跑在前；你走平地，他去踢砂子；你想牽著他，想幫他穿衣服，他偏不要……等孩子大了，他又不願和你講話，似乎疏遠了你。

其實，這正是孩子特有的心理特點，是他們成長中的正常現象。你雖然過去也是個孩子，但是現在已成了大人，已習慣了新的生活方式，你的思維方法、情趣愛好、個性特點都與童年不同了。當你和孩子生活在一起的時候，卻總是習慣用你的眼光來觀察、推測孩子，要求孩子適應你的生活方式。如果孩子不聽，你就會惱火、生氣，衝突就可能發生了。

要知道，隨著孩子的成長，他的生理和心理都在經歷複雜微妙而又深刻的變化，而他的身心發展又是有一定規律的。

美國教授路易斯．艾米斯提醒我們說：「父母所犯的最普通的錯誤是，不能理解孩子們在其發展的不同階段是怎麼樣的情況。」

大多數家長總在遇到教育難題時不問青紅皂白就是一頓責罵，甚至是毒打。這種教育方式讓多少孩子失去了對世界的美好感受，產生厭學、厭世的念頭。

教育、要求孩子是對的，但太嚴格的要求很容易讓孩子感到厭倦，在接受教育期間他們雖然小，但也是一個完整的人，在各個年齡段都有他們各自的需要。給他們自己的空間，讓他們做自己該做的事，既培養他們的自控力又要培養他們的獨立性和動手能力，讓他們在今後的人生路上順利前行。

誰不希望自己的子女高人一籌，誰不盼望兒女孝順、事業通達，但請記住，這些都與他們從小所受的良好教育有關。太嬌寵，太嚴厲都不是一種良好的教育方式。關注孩子成長中的每一個細節，適當給予指導是每一位家長必須做到的。否則很可能讓孩子走彎路。尤其是處於青春期的孩子們更需要長輩們的悉心照料，因為這一時期的孩子由於生理和心理的急劇變化，很容易產生叛逆心理，脾氣易怒暴躁，對異性產生強烈的好奇心，總希望掙脫任何束縛，擁有獨立的人格。就像想要試飛的小鳥，總想自己飛一程，看看外面的世界。卻又茫然無措，不知該從哪兒下手。因而，這一時期的孩子，性格的可塑性很強。倘若給以積極的引導，他們必會朝著正確的方向發展。

小明是一個初二的學生，一天中午放學回家吃飯時，父母與他邊吃邊聊。當聊到一個問題時，小明由於觀點與父親不同，於是開始頂撞父親，在這之前這是從未有過的事。小明的父親感到臉上無光，怒斥起兒子，小明一氣之下將筷子往地上一摔，抓起書包便往外跑。下午放學時，父母見小明未回家，就四下尋找，直到第二天才從遠房親戚家找到他。

小明的這種舉動是正常的青春期叛逆心理的表現。但這種反常的小細節正是父母不能忽視的問題。如何解決這種問題，光靠強制手段未必見效，有時反而會適得其反。家長遇到這種問題時應該在尊重孩子的前提下注意與孩子的溝通。給他們獨立發展的空間。更加關心他們，但這種關心要以不施加約束壓力為前提。

類似這種反常現象是每個人都會有的，父母與老師都應該密切關注這些幼芽的行為舉止。一旦有苗頭出現就該追尋源頭，尋找病因，對症下藥。只有關注細節，孩子才能健康成長。

CHAPTER 5 Fortune

別讓細節毀了你的財運

金錢與我們的生活息息相關，每天我們都要不斷地賺錢，不斷地花錢，在這一過程中我們既能體會收穫的滿足，又能感受享受的快樂。但無論是賺錢還是花錢，我們都要注意細節，這樣才能避風浪，繞暗礁，以變應變，既滿足自身對物質的要求，又不損害生活的樂趣。

1.別為金錢算計太多

在物質社會裡，金錢確實是非常有用的東西，它能買來汽車房子，漂亮的衣服，給你想要的生活。但是我們也要記得賺錢花錢本是為了享受生活的樂趣，千萬不要為了金錢而太過於算計。

美國心理專家威廉透過多年的研究，以鐵的事實證明，凡是對自己的實際利益精打細算的人，往往都會陷入不幸，甚至變成多病和短命的人。他們九十%以上都患有心理疾病。這些人感覺痛苦的時間和深度也比不善於算計的人多了許多倍。換句話說，他們雖然很會用手中的利器為自己撈取好處，但卻沒有好日子過。

威廉根據多年的研究，列出了五百道測試題，測試你是否是一個「過於算計者」。這些題很有意思，比如：你是否同意把一分錢再分成幾份花？你是否認為銀行應當和你分享紅利才算公平？你是否夢想別人的錢變成你的？你出門在外是否常想搭個不花錢的順路車？你是否經常後悔你買來的東西根本不值？你是否常常覺得你在生活中總是處在上當受騙的位置？你是否因為為別人花了錢而變得悶悶不樂？你買東西的時候，是否為了節省一塊錢而付出了極大的代價，甚至你自己都認為，你走的冤枉路太多了……只要你如實地回答這些問題，就能得出你是否是一個「過於算計者」。

威廉認為，凡是對金錢利益過於算計的人，都是活得相當辛苦的人，又總是感到不快樂的人。在這些方面，他有許多寶貴的總結。

第一，一個過於算計的人，通常也是一個事事計較的人。無論他表面上多麼大方，他的內心深處都不會坦然。算計本身首先已經使人無法平靜，陷在一事一物的糾纏裡。而一個經常失去平靜的人，一般都會引起較嚴重的焦慮症。一個常處在焦慮狀態中的人，不但談不上快樂，甚至可以說是痛苦的。

第二，愛算計的人，在生活中很難得到平衡和滿足，反而會由於過多的算計引起對人對事的不滿和憤恨。常與別人鬧意見，分歧不斷，內心充滿了衝突。

第三，愛算計的人，心胸常被堵塞，每天只能生活在具體的事務中不能自拔，習慣看眼前而不顧長遠。更嚴重的是，世上千千萬萬事，愛算計者並不是只對某一件事情算計，而是對所有事都習慣於算計。太多的算計埋在心裡，如此積累便是憂患。憂患中的人怎麼會有好日子過？

第四，過於算計的人，也是想太多的人。而想太多的人，很難輕鬆地生活。往往還因為過分算計引來禍患，平添麻煩。

第五，過於算計的人，必然是一個經常注重陰暗面的人。他總在發現問題，發現錯誤，處處擔心，事事設防，內心總是灰色的。

威廉的研究還表明：過於算計的人，心率的跳動一般都較快，睡眠不好，常有失眠現象伴隨。消化系統遭到破壞，氣血不調，免疫力下降，容易患神經性、皮膚性疾病。最可怕的是，過於算計的人，目光總是懷疑的，常常把自己擺在世界的對立面。這實在是一種莫大的不幸。過於算計的人骨子裡還貪婪。擁有更多的想法，成為算計者揮之不去的念頭，像山一樣沈重地壓在心上，生命變得沒有色彩。

這似乎是一種令人很難理解的「矛盾」，但威廉的這一結論，得到了全世界同仁的一致肯定。他的有關著作在五十多個國家發行，不知點亮了多少人內心的明燈。

而更有趣的是，威廉自己曾經就是一個工於算計的人。他知道華盛頓哪家襪子店的襪子最便宜，哪怕只比其他店便宜幾分錢；他知道方圓三十哩內，哪家速食店比其他店多給顧客一張餐巾紙；至於哪輛公共汽車比哪輛公共汽車便宜五分錢，什麼時候看電影門票價格最低等等，威廉可以說是全美之最。

正因為這樣，威廉得了一身病。三十歲之前，他總與醫院打交道。當然，他也知道哪一家醫院的藥費最便宜。不過那時他沒有一天好日子過，更不要說快樂了。物極必反，威廉在他三十二歲那年終於醒悟了。他開始了關於「過於算計者」的研究。追蹤了幾百人，得出了驚人的結論。

威廉的研究成果，使許多「過於算計者」脫離苦海，看清了自己，身心得到了解放，不但改變了命運，也過上了好日子。威廉自己的病也全好了。如今，他已經成為了美國最健康人群中的一員，每天都是樂呵呵的。他的新作《好日子》也已出版，在美國家喻戶曉。

金錢是身外之物，花完了可以賺，賺多了就要花，為了一點錢斤斤計較，算計不停的人，不但弄得自己不快樂，還會損害自己的財運，因為他實際上是在把別人賺大錢的時間浪費在無謂的小事上。

2. 節儉是富過三代的秘訣

俗話說：「富不過三代」。因為一些人得到祖輩累積下的大量財富後，就忘了節儉為何物，大筆大筆地揮霍，小錢更是看不進眼裡，直到最後把家敗光。因此我們一定要注意節儉，千萬不要養成浪費的習慣。

一般來說，大局比細節更重要，但在某些特殊情況下，細節往往能夠影響甚至決定大局。所以，我們切不可因為小小細節而疏忽大意。

三菱集團的創始人岩崎彌太郎曾有個奇妙的比喻，「我認為涓滴的漏法比溢出來的還可怕，因為酒桶如果有個大漏洞，誰都會很快發現，但是，桶底有個毛髮般的小孔，卻不大容易被注意到。」這是一個關於應注意節儉，從小處著眼的精闢見解。為此，他從創業初就十分注意從微小處節儉。日立公司這個電器王國對員工的要求是用不著的電燈一定立刻關掉，無論是寫便條還是隨便記什麼東西，必須儘量用舊紙，電腦用過的紙也必須整訂好再用。不僅如此，豐田公司還有個節儉的招數叫「算好再做」。例如開會，在開會前要估算與會者每一秒鐘價值多少，算出這次會議的「成本」，然後告誡與會者必須節約時間。在接待來客中，豐田公司一般不安排隆重的宴會招待，也不派專車接送，這也是出於節儉的考慮，公用車要配司機，要繳各種稅，要買汽油，買保險，維修……這些開支倒不如乘計程車或乘地鐵更合算。

而中國也歷來崇尚節儉，視節儉為美德。這種民族傳統在現代商人身上留下深深的烙印。臺灣企業家王永慶可算是個世界級的巨富了，可就是這個巨富，在花費上卻特別節儉。他牢記中國的俗語「富不過三代」，嚴格控制子女亂花錢。當發現孩子的母親、祖母心痛孩子手頭拮据偶爾送錢給孩子時，王永慶毅然將孩子送往國外，以使孩子脫離家人的庇護溺愛。王永慶不僅這樣教育孩子，他自己在生活中也是能省的絕不浪費。

有一次，他發現他用的牙籤是一頭尖的，另一頭刻花，不僅比較貴，而市場上兩頭尖的牙籤也比較便宜，便告訴秘書：「以後買兩頭尖的牙籤，可以兩邊使用，又便宜。」他喝奶精，往往將小鋁箔奶精盒中殘留的奶精用一匙咖啡洗淨後再倒入咖啡杯中食用掉，可謂不棄一絲一滴。美國富豪洛克菲勒也是一個自己注重節儉，對孩子零用錢卡得很緊很死的人。他規定孩子七八歲時每周三十美分，十一二歲每周一美元，十二歲以上每周二美元，每周發放一次。他還發給孩子每人一個帳本，讓他們記清每筆錢支出的用途，領錢時交給他審查。如果帳錢清楚，用途得當，下周遞增五美分，否則就遞減。他還鼓勵孩子做家務並給予獎勵，如逮一百隻花蠅獎十美分，抓一隻老鼠獎五美分等，並對背柴、拔草、擦皮鞋都明確提出獎勵額度，從小培養孩子的節儉習慣。

用節儉築起防潰的大堤，就像千里河堤從堵蟻穴開始一樣，堵住了，大堤就能保住，而堵不住或堵得不嚴，就隨時都有潰堤的危險。這不是聳人聽聞，而是有真憑實據的，這種事，在中國近代民族工業中不乏其例。杭州某藥店葉鴻年經營時，積累有大量財富，無論規模還是聲望在杭州都是數一數二的。但葉鴻年並未將心思放在藥店上，而是大加揮霍。他在藥店後院蓋起住宅，雖整日出入藥堂卻不過問藥堂業務。為結交官府，今日請客，明日送禮，成為官府座上客，僅幾年間便揮霍銀子十餘萬兩。一不管理，二又無度消耗揮霍，藥堂收入下降，家業很快入不敷出，最後落到只得將藥房抵押還錢莊欠款的地步。杭州還有個翁氏隆盛茶號，創業人為海寧的翁耀庭。由於翁耀庭善經營，其經營的獅峰極品龍井在巴拿馬博覽會上獲獎，使西湖龍井茶馳名天下。為此，翁氏一家發了財。但到了上世紀三十年代，翁氏子孫不講節儉，只講揮霍，不圖發展，只顧享樂，整日不務正業，使得好端端一個翁家漸入下坡路。究翁氏隆盛茶店的敗落原因：一是只圖外表，耗資四五萬元建高樓豪宅，揮霍無度，不注意節儉；二是只顧眼前利益，不慮長遠，不教子孫學文化，只教子孫學徒經商，沾染了吃喝嫖賭惡習，造成其子孫素質低下，不成大器，致使家業後繼無人。

「成由勤儉敗由奢」，無論你是千萬富豪還是平民百姓都要注意節儉。一點小錢雖然不起眼，但聚少成多就是一筆很大的財富了。只有節儉持家守業，才能過富足的生活。

3.想賺錢就要勤快一點

每個人都想成為富翁，過自己想要的生活，於是大批年輕人懷著一夜暴富的奢望，東遊西蕩、投機取巧。但這種人到最後往往是兩手空空，他們忘記了勤奮做事才是通向成功的捷徑，而懶惰並不是什麼「小毛病」，它是成功的大障礙。

華人富商王永慶，十五歲小學畢業後被迫輟學，隻身背井離鄉，來到臺灣南部一家米店當小工。聰明伶俐的王永慶雖然年紀小，卻不滿足於當學徒，除了完成送米工作外，還悄悄觀察老闆怎樣經營米店，學習做生意的本領。因為他總想：假如我也能有一家米店……

第二年，王永慶請父親幫他借了二百元台幣，以此做本錢，在自己的家鄉嘉義開了家小米店。開始經營時困難重重，因為附近的居民都有固定的米店供應。王永慶只好一家家登門送貨，好不容易才爭取到幾家住戶同意用他的米。他知道，如果服務質量比不上別人，自己的米店就要關門。於是，他特別在「勤」字上下功夫。他趴在地上把米中雜物一粒粒揀乾淨。有時為了多爭取一個用戶、多一分錢的利潤，寧願深夜冒雨把米送到用戶家中。他的服務態度很快贏得了一部分用戶的青睞，他們主動替他宣傳，使業務逐漸開展起來。不久，王永慶又開設了一個小碾米廠。由於他處處留心，經營藝術日漸高超，再加上他勤快能幹，每天工作十六七個小時，克勤克儉，業務範圍逐漸拓寬。此後又開辦了一家製磚廠。

王永慶現在發迹成為了臺灣傳奇式的人物，成功的原因之一，正是王永慶本人常常提及的「一勤天下無難事」的道理。王永慶有一次在美國華盛頓企業學院演講時，談到了他一生的坎坷經歷。他說：「先天環境的好壞，並不足為奇，成功的關鍵完全在於一己之努力。」

王永慶在「勤」的業績上寫著如下記錄：

——做米店學徒時，他工作之餘，經常暗中觀察，瞭解老闆的經營之術。

——初開米店時，他趴在地上揀米中的砂子；冒雨給用戶送米上門；每天工作十六七個小時。

——創辦台塑時，他事必躬親，艱苦備至，奮鬥不懈。一步也不放鬆，一點也不偷懶，對事業兢兢業業。

由此可見，勤勉努力確實是成功的法寶，如果王永慶貪圖安逸，懶懶散散，那麼也就無法成為臺灣首富了。

那麼，怎樣才能克服懶惰的「小毛病」，讓自己變得勤快起來呢？

(1)承認自己有愛拖延的小毛病，並且願意克服它。這是處理一切問題的前提。只有正視它，才能解決問題。不承認自己懶惰，就不可能改正自身的弱點。

(2)是不是因恐懼而不敢動手，這是懶散的一大原因。如果是這一原因，克服的方法是強迫自己做，假想這件事非做不可，並沒什麼可恐懼的，並不像你想得那麼難，這樣你終會驚訝事情竟然做好了。

(3)是不是因為健康不佳而懶惰。其實，懶惰並不是健康的問題，而是一種生活態度的問題，有些人儘管疾病纏身，還照樣勤奮努力不已。如果身體真的有病，這種時候常愛拖延，要留意你的身體狀況，及時去治療，更不應該拖延。

(4)嚴格要求自己，磨練你的意志力。意志薄弱的人常愛拖延。磨練意志力不妨從簡單的事情做起，每天堅持做一種簡單的事情，例如寫日記，只要天天堅持，慢慢地就會養成勤勞的習慣。

(5)在整潔的環境裡工作不易分心，也不易拖延。把自己生活的環境整理好，使人身居其中感覺舒適，就會熱愛自己的生活，產生勤奮的動力。另外，備齊必要的工具也可加快工作進度，也可以避免拖延的藉口。

(6)做好工作計劃。對自己每天的生活工作，做出合理的安排，制定切實可行的計劃，要求自己嚴格按計劃行事，直到完成為止。

(7)把你的計劃告訴大家。在適當的場合，比如，在家庭裡，或者在朋友面前，把你的計劃向大家宣佈，這樣你就會自己約束自己，不敢拖延。

這樣做不但會使大家監督你，即使是為了你的面子，你也不得不按時做完。

(8)嚴防掉進藉口的陷阱。我們常常拖延去做某些事情，總是為自己的懶惰找理由、找藉口。例如「時間還很充足」、「現在動手為時尚早」、「現在做已經太遲了」、「準備工作還沒做好」、「這件事太早做完了，又會給我別的事」等等，不一而足。

(9)偶爾「騙一騙」自己。開始克服懶惰，不可能堅持很長時間，你可以給自己說：「只做一會兒，就十分鐘。」十分鐘以後，很可能你興緻來而不想罷手了。

(10)不給自己分心的機會。我們的注意力常常受外界的干擾，不能夠投入工作，成為我們拖延偷懶的藉口。把雜誌收起來，關掉電視，關上門，拉上窗簾……這樣，就可以使自己的注意力集中起來，克服拖延的毛病，投入工作。

(11)不要離開工作環境。有些事情在開始做時，總會不順利，這就成為拖延偷懶的藉口，我們會說等一等再說，轉身就走，這樣就無法克服懶惰的習慣。強迫自己留在事情的現場不許走，過一會兒，你可能就找到了解決問題的辦法，你可能就不再拖延，你就會幹下去。

(12)避免做了一半就停下來。這樣很容易使人對事情產生棘手感、厭煩感。應該做到告一段落再停下來，會給你帶來一定的成就感，促使你對事情感興趣。

(13)先動手再說。三思而後行，往往成了拖延懶散的藉口。有些事情應該當機立斷，說幹就幹，只要幹起來了，你就不會偷懶，即使遇到問題，你也可以邊幹邊想，最終就會有結果了。

懶惰的「小毛病」會分散你的精力，消滅你的雄心，因此你一定要告別懶惰，勤快做事。天道酬勤，只要你不斷付出，就一定會獲得你想要的財富。

4.注重細節成為有錢人

我們都渴望能透過自己的努力累積大筆財富，但是由於輕忽細節，一些人不是無法贏得財富就是無法留住財富，這是非常可惜的事。在這裡，我們希望能夠給大家一些啟示，讓「有錢人」這三個字不再是模糊的概念。

很多人認為，只要有大筆的錢進帳就能變得富有，其實未必盡然。生活中我們可以看到很多年薪百萬甚至更多的高級白領，日子過得跟薪資水平僅及其三分之一的人一樣。銀行裡沒有多少存款，消費上常常出現赤字，買房的計劃也是遙遙無期。

一些人之所以能夠舒服地退休，在於他們事先計劃和透過一些隱形的資產來累積財富。一份高的薪水提供了人們累積財富的機會，但不會自動讓人富有。如果你月賺八萬花十萬，反而會破產。但如果你賺十萬，投資一萬於如銀行存款、保險、證券上，持續幾十年，則將會積累起鉅額資產。這才是財富！才會給你一個穩步、積極的人生！

另外一個關於財富的錯誤觀點是，認為它必須是對身份地位的炫耀。例如擁有一棟大房子，或每年做長達三個星期的旅遊等。擁有一些「東西」並不全然代表這人是富有的，事實上，這些東西還會拖累資產的累積。如果你收入中的相當部分是用來支付一個高達四位數的房屋貸款，或者是償還先前累積的債務，那就不可能有什麼錢省下來投資，資產的累積也會變得極其緩慢。

可能有人會說，靠小心翼翼積累財富變成富有的人沒有什麼樂趣。其實大部分人在這個理財的過程中都是不乏樂趣的。他們的樂趣來自於他們累積的資產，並且成為了他們的理財目標之一。因此，要做有錢人，必須有積極的投資態度，進行認真的規劃。無論你有多忙，都不應成為你花時間去積極投資的藉口，因為現代科技的發展已能做到讓你隨時隨地投資，比如在線投資。

當然投資時也要注意一些細節問題：

①投資不是多人的事情，而是一個人的事情，你必須自己做出判斷。想投資，那就自己好好地研究你將要進行的交易。

②不要期望太高的回報。當然，期望你的投資每一小時能翻一倍，作為夢想是無可厚非的。但你要清醒地知道，這是一個非常不切實際的夢想。記住，如果年平均回報率能達到十%，就非常幸運了。

③不要被股票所迷惑。記住，公司的股票和公司本體是有區別的，有時候股票只是一家公司不真實的影子而已。所以應該多向經紀人詢問股票的安全性。

④重視風險。「風險」不僅僅是兩個字而已，它值得每一個投資者重視。所以，一個重要的原則就是，在購買股票之前，不要先問「我能賺多少」，而要先問「我最多能虧多少」。這條小心翼翼的戒律在最近幾年好像已經不流行了，但堅信這條戒律的投資者們至

少還是保住了自己的錢。

⑤搞清情況再出手。在不知道該買哪一檔股票或者為什麼要買這檔股票的時候，堅決不要買，先把事情搞懂再說。這一點尤其重要。這印證了投資大師彼德．林奇的一句名言：一個公司如果你不能用一句話把它描述出來的話，就不要去買它的股票。

⑥發展性才是重點。當你把目光放在一些現在正在衰敗的公司的時候，這點尤其重要。

⑦不要輕信債務大於公司資金的公司。一些公司透過發行股票或借貸來支付股東紅利，但是他們總有一天會陷入困境。所以在投資之前，先弄清對方財務狀況。

⑧不要把雞蛋放在同一個籃子裡。除非你有虧不完的錢，否則就應該注意：不要把所有的投資都放在一家或兩家公司上，也不要相信那種只專注一個行業的投資公司。雖然把寶押在一個地方可能會帶來巨大的收入，但也會帶來同樣巨大的虧損。

⑨不要忘記，除了盈利以外，沒有任何一個其他標準可以用來衡量一個公司的好壞。無論分析家和公司怎樣吹噓，記住這條規則，盈利就是盈利，這是唯一的標準。

⑩如果對一檔股票產生了懷疑，那麼不要再猶豫，及早放棄吧。如果它已經跌了五％，那麼就不要再指望它回升，而要大膽地拋出止損。

除了投資之外，理財方面的一些細節也是需要注意的：

①把夢想化為動力。你可以充分地設想你想要做的事，想自由自在地旅遊，想以自己喜歡的方式生活，想自由支配自己的時間，想獲得財務自由以不被金錢問題困擾……由此發掘出源自內心深處的精神動力。

②做出正確的選擇。即選擇如何利用自己的時間、自己的金錢以及頭腦所學到的東西去實現我們的目標，這就是選擇的力量。

③選對朋友。美國「財商」專家羅勃特．清崎坦言：「我承認我確實會特別對待我那些有錢的朋友，我的目的不是他們擁有的錢財，而是他們致富的知識。」

④掌握快速學習模式。在今天這個快速發展的世界，並不要求你去學太多的東西，許多知識當你學到手往往已經過時了，問題在於你學得有多快。

⑤評估自己的能力。致富並不是犧牲舒適生活來支付帳單，這就是「財商」。假如一個人貸款買下一部名車，而每月必須支付令自己喘不過氣來的金錢，這在財務上顯然不明智。

⑥專業人員高酬勞。能夠管理在某些技術領域比你更聰明的人並給他們以優厚的報酬，這就是高「財商」的表現。

⑦刺激賺取金錢的欲望。用希望消費的欲望來激發並利用自己的財務天賦進行投資。你需要比金錢更精明，金錢才能按你的要求辦事，而不是被它奴役。

⑧獲取別人的幫助。這個世界上有許多力量比我們所謂的能力更強，如果你有這些力量的幫助，你將更容易成功。所以對自己擁有的東西大方一些，也一定能得到慷慨的回報。

總之，想要成為有錢人並非易事，它受多種因素和條件的制約，但只要你能夠思慮嚴謹，在細微之處多下功夫，那麼你的夢想也終有實現的一天。

CHAPTER 6
Communication

別讓細節毀了交流的橋梁

語言是溝通思想感情的工具，待人處事、社會交往都少不了好口才，出色的語言藝術能產生不可估量的威力和功效，而不得體的語言也能傷人至深，因此人說「藥不可亂吃，話不可亂說」。粗枝大葉、不拘小節就很容易說錯話得罪人，所以在與人交談時一定要注意細節，這樣才能把話說得合人心意，自己才能受人歡迎。

1.說話也要「忌口」

每個人都有自己不喜歡提及的話題，如果你說話口無遮攔，那麼就一定會讓對方不高興。所以我們說話時也要講究「忌口」：敏感的話題不要碰，人家的隱私不要問，否則你就會得罪人。

熱衷於打聽別人隱私的人是令人討厭的。在西方人的應酬中，探問女士的年齡被看成是最不禮貌的話題之一，所以西方人在日常應酬中可以對女士毫無顧忌地大加讚賞，卻不去過問對方的年齡。

人們似乎都有一大愛好，那就是特別注意他人的隱私，而且尤以注意名人的隱私為重。那些街頭小報一旦出現了一篇有關某某名人的隱私，如「某某離婚揭秘」、「某某情變內幕」之類，就容易被搶購一空。

人到了一定年齡而不結婚，似乎變成「衆矢之的」，經常有人「關心」，甚至「嚴重關切」。遇到認識的人時，吳先生總會被問道：「怎麼還不結婚？」「什麼時候請喝喜酒啊？」被問多了、問煩了，吳先生的答案一律是「後年吧！我大概就會結婚。」

沒結婚，實在是個人的問題，但是很多人卻表現出「極度關心」的態度，其實他們自己的婚姻也未必就好到哪裡去。然而有的人還偷偷打聽，「他長得也不錯，怎麼還不結婚？是不是有什麼問題，有什麼毛病？」害得吳先生父母真的問他，你是不是「生理」有啥毛病？

最近問他「怎麼還不結婚的人」越來越多，他煩了，只好回答他們：「因為我的屁股上有塊疤！」

「你的屁股上有塊疤？那跟你結不結婚有什麼關係？」

他說：「是啊，那我不結婚跟你有什麼關係？」

探究別人私事確實是在自討沒趣。在與人交往中，為了避免引起別人的不快，一定要避免探問對方的隱私。在你打算向對方提出某個問題的時候，最好是先在腦中想一遍，看這個問題是否會涉及到對方的個人隱私，如果涉及到了，要盡可能地避免，這樣對方不僅會樂於接受你，還會為你在應酬中得體的問話與輕鬆的交談而對你留下好印象，為繼續交往打下了良好的基礎。

有人喜歡當眾談及對方隱私、錯處。心理學研究表明：誰都不願把自己的錯處或隱私在公衆面前「曝光」，一旦被人曝光，就會感到難堪而惱怒。因此，必要時可採用委婉的話暗示你已知道他的錯處或隱私，讓他感到有壓力而不得不改正。知趣的、會權衡的人只須適可而止，一般是會顧全自己的顏面而悄悄收場。當面揭短，讓對方出了醜，說不定會惱羞成怒，或者乾脆耍賴，出現很難堪的局面。至於一些純屬隱私、非原則性的錯處，最好的辦法是裝聾作啞，千萬別去追究。

在交際場上，人們常會碰到這類情況，講了一句外行話，念錯了一個字，搞錯了一個人的名字，被人反駁了兩句等等。這種情況，對方本已十分尷尬，深怕更多的人知道，你如果作為知情者，一般說來，只要這種失誤無關大局，就不必大加張揚，故意搞得人人皆知，更不要抱著幸災樂禍的態度，以為「這下可抓住你的笑柄啦」，來個小題大作，拿人家的失誤做笑料。因為這樣做不僅對事情的成功無益，而且由於傷害了對方的自尊心，你將結下怨敵。同時，也有損於你自己的個人形象，人們會認為你是個刻薄饒舌的人，會對你反感、有戒心，因而敬而遠之。所以，不要故意渲染他人的失誤。

在社交中，有時遇到一些競爭性的文體活動，比如下棋、乒乓球賽等。儘管只是一些娛樂性活動，但人的競爭心理總是希望成為勝利者。一些「棋迷」、「球迷」就更是如此。有經驗的社交者，在自己取勝把握比較大的情況下，往往並不把對方搞得太慘，而是適當地給對方留點面子，讓他也勝一兩局。尤其在對方是老人、長輩的情況下，你若窮追不捨，讓他狼狽不堪，有時還可能引起意想不到的後果，讓你無法收拾。其實，只要不是正式比賽，作為交流感情、增進友誼的文體活動，又何必釀成不愉快的局面呢？在其他的事情上也一樣。集體活動中，你固然多才多藝，但也要給別人一點表現自己的機會；你即使足智多謀，也不妨再徵求一下別人的意見。獨斷專行是不利於社交的。此時，要給對方留點餘地。

在交往中，我們有時結識了新朋友，即使你對他有一定好感，但畢竟是初交，缺乏更深切的本質性的瞭解，你不宜過早與對方講深交、討好的話，包括不要輕易為對方出主意，因為這很可能會導致「出力不討好」。因為對方若實行你的主意，卻行不通，好友尚可不計，但其他人則可能以為你在捉弄他。即使行之有效，他也不一定為幾句話而感激你。除非是好友，否則不宜說深交的話。

有些事情，對方認為不能做，而你認為應該做；或者對於某事，你是箭在弦上，不得不發，而他卻又認為不該做，或做不了。這時你不要把自己的意見強加到他頭上。強人所難，是不禮貌、不明智的。有的人說話時旁若無人、滔滔不絕，不看別人臉色，不看時機場合，只管滿足自己的表現欲，這是修養差的表現。說話應注意對方的反應，不斷調整自己的情緒和講話內容，使談話更有意思，更為融洽。強人所難和不見機行事都是應當避免的。

你必須注意，即使是一個很好的話題，說時也要適可而止，不可拖得太長，否則會令人疲倦。說完一個話題之後，若不能引起對方發言，或必須仍由你支撐局面，就要另找新鮮題材，如此才能把對方的興趣維持下去。

說話不能只圖自己痛快，不管別人高不高興。說話不懂得忌口雖然看似小毛病，但如果不及時改正，它卻可能毀了你的人際關係，讓你變成一個不受歡迎的人。

2.說話時要注意的十個小毛病

人們在說話時都或多或少地有點小毛病，有些問題我們自己沒有注意到，有些問題我們注意到了，但卻認為沒有什麼大不了。要知道，這些小毛病可能會引起別人的反感，降低與自己談話的興趣，因此還是及時改正為好。

那麼，常見的小毛病都有哪些呢？

①咬字不清。有的人在談話中，常常會有些字句含含糊糊，叫人聽不清楚，或者誤解了他的意思。所以，不說則已，只要開口，就最好把一個字當做一個字，清楚準確地說出來。

②用字籠統。有許多人喜歡用一個字去替許多字，譬如，他在所有滿意的場合，都用一個「好」字來代替。他說：「這歌唱得真好！」「這是一篇好文章。」「這山好，水也好！」「這房子很好。」「這個人很好。」……其實，別人很想知道一切究竟是怎樣好法。這房子是寬敞？還是設計得很別緻呢？是材料很結實呢？這人是很老實呢？還是很爽朗呢？還是很能幹呢？還是很願意跟別人接近呢？還是很慷慨、很喜歡別人呢？單是一個「好」字，就叫人有點摸不著頭腦。還有這樣的人，用「那個」這兩個字代替幾乎所有的形容詞，例如：「這部影片的確是很那個的。」「這件事未免太那個了。」「這封信叫人看了很那個的。」……這一類毛病，主要是由於頭腦偷懶，不肯多費一點精神去尋找一個適當的恰如其分的字眼。如果放任這種習慣，所說的話就容易使人覺得籠統空洞，沒有內容，因而也就得不到別人適當的重視了。

③多餘的字句。有的人喜歡在自己的話裡面加上許多不必要的字眼，例如，三句話裡面，就用了兩次「自然啦」這個詞。又有的喜歡隨意加上「不過」這兩個字。有的人又喜歡老問別人「你明白麼？」「你說是不是？」……像這些多餘的字句，最好小心地加以避免。

④說話有雜音。在說話的時候，加上許多沒有意義的雜音，這比喜歡用多餘的字句更令人不舒服。例如一面說著話，鼻子裡面一面「哼，哼」地響著，或是每說一句話之前，

必先清清自己的喉嚨，還有的人一句話裡面加上幾個「呃」字……這些雜音會使人產生一種生理上的不快之感，好像給精彩的語言蒙上一層灰塵。

⑤喜歡用誇張的語言去強調一件事物的特性，以引起別人的注意。但也有人無論在什麼場合都採用這種說法。例如：「這個意見非常重要！」「這一本書寫得非常精彩。」「這是一部非常偉大的戲劇。」「這樣做法是極端危險的。」「這個女人簡直是無法形容的美麗。」……如此這般，講的多了，別人也就自然而然地把你所誇大的字眼都大打折扣，這就使你語言的威信大為降低了。

⑥矯揉造作。矯揉造作有多種形式的表現，有的人喜歡在交談中加進幾句英文或法文；有的人喜歡在談話中加進幾個學術性的名詞；有的人喜歡把一些流行的字眼掛在口頭；有的人又喜歡引用幾句名言，放在並不適當的地方。這會讓人覺得你在賣弄學識，故作高深，還不如自然、平實的言語更容易讓人接受。

⑦瑣碎零亂。在敍說事理的時候，最重要的是層次清晰，條理分明。所以，在交談以前，必先在腦子裡把所要講的事物好好地整理一下，分成幾個清楚明確的段落，擯除許多不大重要的細節。不然的話，說起話來就會拖拖拉拉，夾雜不清了。特別是當一個人敍述自己親身經歷的時候，更容易因為特別起勁，巴不得把所見所聞，全盤托出，結果卻叫人

聽起來非常吃力。

⑧諺語太多。諺語本來是詼諧而有說服力的話，但諺語太多也不好。用諺語太多，往往會給別人造成油腔滑調、譁眾取寵的感覺，不僅無助於增強說服力，反而使聽者覺得有累贅感。

諺語只有用在恰當的地方才能使談話生動有力。在使用諺語時，我們應盡可能使其恰當。

⑨濫用流行的字句。某些流行的字句，也往往會被人不加選擇地亂用一番。例如，「××王」這個詞就被濫用了，什麼東西都牽強地加上「王」，如「簡訊王」、「原聲王」，這「王」那「王」，使人莫名其妙。

⑩特別愛用一個詞。有些人不知是因為偷懶，不肯開動腦筋找更恰當的字眼，還是有其他方面的原因，特別喜歡用一個字或詞來表達各種各樣的意思，不管這個字或詞本身是否有那麼多的含義。例如，許多人喜歡用「偉大」這個詞，在他的言談中，什麼東西都偉大起來了。「你真太偉大了」，「這盆花太偉大了」，「今天吃了一餐偉大的午飯」，「這批貨物賣了一個偉大的價錢」，等等，給別人一種華而不實的印象。因此，我們要盡可能地多記一些辭彙，使自己的表達盡可能準確而又多樣化。

除了以上這幾點外，我們還應該注意自己的說話時的聲調、身體語言等等，努力使各個方面協調得體，這樣我們就能增強自己說話的吸引力了。

3.與人交談別犯禁忌

交談中的禁忌大多體現在細微之外，因此常容易被人忽視，結果你莫名其妙就把對方惹得不高興。為了避免這種情況發生，你必須檢討自己，讓自己在與人交談時不再犯忌。

①不要總是自吹自擂。

有些人總喜歡胡亂地吹噓自己。這種人的口才或許真的很好，但只會令人厭惡而已。這樣的傢夥並非是直率，就連一件單純的事他都要咬文嚼字地賣弄一番，看起來好像很精於大道理的樣子，說穿了只是強烈的自我表現欲所產生的虛榮心在作祟。

以簡單明瞭的辭彙來發表言論，必須先充實實際內容，再以簡單而貼切的辭彙表達出來。若非具有這種功力，就無法具備以簡單明瞭的辭彙來表現的實力，這其實遠比稍具難度的辯論更困難。

有些人乍看之下很平凡且沒有可貴之處，但經過認真地交談之後，就能夠很直接地被其內在的思想所感染，這種人所使用的辭彙往往最簡單明瞭。

朋友關係必須建立在真誠之上，花俏不實的言論只適合逢場作戲。朋友是靠互相感動、吸引，而不是硬性地逼迫對方接受自己的意見。為了強硬地使對方接受自己的意見，賣弄一些偏僻冷門的辭彙，來表現自己的程度高人一等，這在對方看來，只覺得和你格格不入而無法接受你的看法。

朋友必須是彼此真心真意地瞭解，以建立一種「心有靈犀一點通」的溝通方式為目的。彼此要在交往中培養相知相惜的情誼。

②不要不懂裝懂。

社會上一知半解的人一多，就容易流行起一股裝腔作勢之風。如果凡事都一無所知，心裡便容易產生唯恐落於人後的壓迫感，這也是人們常見的心態。在絕不服輸或「輸人不輸陣」的好勝心作祟下，隨時都想找機會扳回面子。

有位不具規模的小雜誌社社長某先生，不管是什麼場合他總喜歡裝腔作勢，故意地降低自己的聲調來表現莊重的樣子。不但如此，他還總是一副無所不知的樣子，這種姿態讓人覺得他好像在做自我宣傳。

然而不論他再怎麼裝腔作勢，夾著再多的暗示性話語或英語來發表高見，還是得不到他人的認同。而這位仁兄所出版的雜誌，也永遠上不了檯面。

他所出版的刊物，總是被人批評為現學現賣、膚淺，這是因為他對任何事都喜歡評斷。當他一開口說話，旁邊的人就說：「天啊！又要開始了。」然後便咬著牙，萬分痛苦地忍著。這和說大話、吹牛並無不同。自己本來沒有高人一等的智慧，卻裝出一副什麼都知道的樣子，這樣會讓人看作虛張聲勢。

在朋友關係中最令人敬而遠之的，就是這種一點也不可愛的男性。

承認自己也有不知道的事並不丟人，為了要自抬身價而不懂裝懂，一旦被對方看穿，反而會令對方產生不信任感而不願與你交往。

「聞道有先後，術業有專攻」，每個人都有自己的專長，不可能每件事都很精通。

愈是愛表現的人，愈是無法精通每件事。交朋友應該是互相地取長補短，別人比自己專精的地方就不恥下問。即使是自己很專精的事，也要以很謙虛的態度來展現實力，這樣才能說服他人。

所謂很謙虛的態度，是指對於自己專精的事物，不妨表示一下自己的意見，只是說話技巧要高明。

現代社會可以說是一個高度複雜的資訊時代，每個人所吸收的知識都不可能包含萬事萬物。若不以虛心的態度與人交往，如何能夠受到大家的歡迎。凡事都自以為是的人，必然得不到大家的尊敬。

不論是不懂裝懂或是真的無知，都同樣有損交際範圍的擴展。

③切記避免隨意附和別人。

每個人講話都有其獨特的方式，無論是講話的語言還是手勢，都具有個人色彩。例如美國人最擅長以誇大的動作，表現自己內心感受的極限；歐洲人和東方人則比較含蓄、內斂，不輕易把自己內心的感受，一五一十地表現於外。

但也不能一概而論，在現代的政治舞臺和商業舞臺中，誇張的演出已經蔚為風氣。社交活動和說話一樣，需要借助情感的大力支援，也就是必須集中情感來表達才能打動人心。人並不是機器人，說話一定會有抑揚頓挫。

談話必須要加入自己的意見才能成立，有的人總是習慣於附和別人說的話，但這種沒有自己思想的附和語詞，並不能表現出個人的獨立人格與意見。

許多人在交談時有「我同意……但是我認為……」的習慣用語。其實在朋友交談中，朋友想要聽的是你個人的看法，而不只是要你附和地回答：「是的。」要讓自己成為更獨特的人就必須與一般人有所區別，儘量地表現出自己獨特的看法。

④不要使用質問或批評的語氣。

用質問式的語氣來談話，是最易傷感情的。許多夫妻不睦，兄弟失和，同事交惡，都是由於一方喜歡以質問式的態度來與對方談話所致。除遇到辯論的場面，質問是大可不必的。如果你覺得對方的意見不對，你不妨立刻把你的意見說出，何必一定要先來個質問，使對方難堪呢？有些人愛用質問的語氣來糾正別人的錯誤，這足以破壞雙方的情感。被質問的人往往會被弄得不知所措，自尊心受到大大的打擊。尊敬別人，是談話藝術必須的條件，把對方為難一下，圖一時之快，於人於己皆無好處。你不想別人損害你的尊嚴，你也不可損傷別人的自尊心。

對方談話中不妥當部分，固然需要加以指正，但妥當部分也須加以顯著的讚揚，這樣對方因你的公平而易於心悅誠服。改變對方的主張時，最好能設法把自己的意思暗暗移植給他，使他覺得是他自己修正的，而不是由於你的批評。對於那些無可挽救的過失，站在朋友的立場，你應當給予懇切的指正，而不是嚴厲的責問，使他知過而改。糾正對方時，最好用請教式的語氣，用命令的口吻則效果不好。要注意保存或激勵對方的自尊心。

這幾種毛病雖小，但如果不加以注意，就會影響我們的談話效果，因此你應該對照反省一下自己，有則改之，無則加勉。

4.自以為是害處多

說話時千萬不要太自以為是，這個小毛病會讓你成為最不受歡迎的人，沒有任何人會喜歡別人總跟自己針鋒相對。

自以為是的人總喜歡反駁別人的觀點，與人爭論，並且一定要在爭論中占上風。其實，即使你真的比別人見識多，也不應該以這種態度去和別人說話。你簡直不為對方留一點餘地，好像要把他逼得無路可走才心滿意足。相信你並沒有想到這一層，但實際上你卻是這樣做的。這個不起眼的小毛病使你自絕於朋友和同事，沒有人願意為你提意見或建議，更不敢向你提一點忠告。你本來是一個很好的人，但因為總是自以為是，朋友、同事們都遠你而去了。唯一改善的方法是養成尊重別人，不和人爭論的習慣。首先你要明白，在日常談論當中，你的意見未必是正確的，而別人的意見也未必就是錯的。把雙方的意見綜合起來，你最多只有一半是對的。那麼，你為什麼每次都要反駁別人呢？通常有這種壞習慣的人當中，聰明者居多，或者是些自作聰明的人。也許他太熱心，想從自己的思想中提出更高超的見解。他以為這樣可以使人敬佩自己，但事實上完全錯了。一些平凡的事情，是沒有必要費心做高深的研究的。至少我們平常談話的目的，是消遣多於研究吧。既然不是在研究討論問題，又何必在一些瑣碎的事情上固執己見呢。另外有一點你也應該注意，那就是在輕鬆的談話中不可太認真了。

別人和你談話，他根本沒有準備請你說教，大家說說笑笑罷了。你若要硬作聰明，拿出更高超的見解（即使確是高超的見解），對方也不會樂意接受的。所以，你不可以隨時顯出像要教訓別人的神氣。

當你的同事向你提出建議時，你若不能立刻表示贊同，但起碼要表示可以考慮，不可馬上反駁。假如你的朋友和你談天，那你更應注意，太多的執拗能把有趣的生活變得枯燥乏味。

如果別人真的犯了錯誤，而又不肯接受批評或勸告時，你也不要急於求成，不妨往後退一步，把時間延長一些，隔幾天再談，否則，大家固執不但不能解決問題，反而傷害了感情。

因此，你千萬要謙虛一些，隨時考慮別人的意見，不要做一個固執的人，而應讓人們都覺得你是一個可以交談的人。

那麼怎樣做才能避免自己自以為是地與人爭論呢？如果要做到既不必隨聲附和別人的意見，又避免和別人爭論，究竟有沒有兩全的辦法呢？答案是：「有的。」注意以下細節問題可能會對你有所幫助。

①儘量瞭解別人的觀點。在許多場合，爭論的發生多半由於大家只看重自己這方面的理由，而對別人的看法沒有好好地去研究、去瞭解。如果我們能夠從對方的立場去看事情，嘗試著去瞭解對方的觀點，了解為什麼他會這樣說，這樣，一方面使我們自己看事情的時候會比較全面，另一方面也可以看到對方的看法也有他的理由。即使你仍然不同意他的看法，但也不至於完全抹殺他的理由，自己的態度也可以客觀一點，自己的主張也可以公允一點，發生爭論的可能性就比較的少了。

同時，如果你能把握住對方的觀點，並用它來說明你的意見，那麼，對方就容易接受得多，而你對其觀點的批評也會中肯得多。而且，他一旦知道你肯細心地體會他的真意，他對你的印象就會比較好，他也會嘗試著去瞭解你的看法。

②對方的言論，你所同意的部分，儘量先加以肯定，並且向對方明確地表示出來。一般人常犯的錯誤就是過分強調雙方觀點的差異，而忽視了可以相通之處。所以，我們常常

看到雙方為了一個枝節上的小差別爭論得非常激烈，好像彼此的主張沒有絲毫相同之處似的，這實在是一件不智之舉，不但浪費許多不必要的精力與時間，而且使雙方的觀點更難溝通，更難得到一致的或相近的結論。

解決的辦法是，先強調雙方觀點相同或近似的地方，在此基礎上，再進一步去求同存異。我們的目的是在交談中使雙方的觀點更接近，雙方的瞭解更深。

即使你所同意的僅是對方言論中的一部分或一小部分，只要你肯坦誠地指出，也會因此營造出比較融洽的交談氣氛，而這種氣氛，是能夠幫助交談發展，增進雙方的瞭解的。

③雙方發生意見分歧時，你要儘量保持冷靜。通常，爭論多半是雙方共同引起的，你一言我一語，互相刺激，互相影響，結果就火氣越來越大，情緒激動，頭腦也不清醒了。如果有一方能夠始終保持清醒的頭腦和平靜的情緒，那麼，就不至於爭吵起來。

但也有的時候，你會遇見一些非常喜歡跟別人爭論的人，尤其是他們橫蠻的態度和無理的言詞常常使一個脾氣很好的人都會失去忍耐。在這種時候，你仍然能夠不慌不忙，不急不躁，不氣不惱，將會使你能夠跟那些最不容易合作的人好好地進行有益的交談。

④永遠準備承認自己的錯誤。堅持錯誤是容易引起爭論的原因之一。只要有一方在發現自己的錯誤時立即加以承認，那麼，任何爭論都容易解決，而大家在一起互相討論，也

將是一樁非常令人愉快的事情。在我們談話的時候，我們不能對別人要求太高，但卻不妨以身作則，發現自己有錯誤的時候，就立刻爽快地加以承認。這種行為，這種風度，不但給予別人很好的印象，而且還會把談話與討論帶著向前跨進一大步，使雙方在一種愉快的心情之中交換意見與研究問題。

⑤不要直接指出別人的錯誤。常常規勸我們不要指出別人的錯誤，說這樣做會得罪人，是非常不智的。然而，如果在討論問題的時候，不去把別人的錯誤指出來，豈不是使交談變成一種虛偽做作的行為了麼？那麼，意見的討論，思想的交流，豈不是都成為根本沒有必要的行為了嗎？

然而，指出別人的錯誤的確是一件困難的事，不但會打擊他的自尊和自信，而且還會妨礙交談的進行，影響雙方的友情。

那麼，究竟有沒有兩全之道呢？

你可以嘗試用以下的方法：

首先，你不必直接指出對方的錯誤，但卻要設法使對方發現自己的錯誤。

在日常生活中，大家交談的時候，並不是每一個人都能夠始終保持清醒的頭腦和平靜的情緒，許多人都有一種感情用事的毛病。即使那些自己很願意跟別人心平氣和地討論問題的人，有時也不免受自己的情緒支配，在自己的思考與推論中，摻進一些不合理的成分。如果你把這些成分直截了當地指出來，往往使對方的思想一時轉不過來，或是情緒上受了影響，感到懊惱異常，或者引起他的惡意的反攻，或者使他盡力維護他的弱點，這都對交談的進行十分不利。

但如果在發現對方推論錯誤的時候，你把你交談的速度放慢，用一種商討的溫和的語調陳述你自己的看法，使他能夠自己發現你的推論更有道理。在這種情形下，他也就比較容易改變他的看法了。

很多人都有這種體認：一個人免不了會看錯事情，想錯事情，假使他們能夠自己發覺錯誤所在，他們就會自動地加以糾正。但是如果被人不客氣地當眾指出來，他們就要盡力去掩飾，盡力去否認，盡力去爭執，因此為了避免使他們情緒激動，我們就不去直接批評他的錯誤，不必逼他當著眾人的面說：「我錯了，」或者「我全錯了」。有的人一看到別人犯了一點錯誤，就要把它死盯住不放，還加以宣揚，自鳴得意地讓對方為難，這是一種幼稚的舉動，是一種幸災樂禍的態度，不是一種對人友好，與人為善的做法。

小毛病也會引起大矛盾，交談是為了促進瞭解，增進友誼，但自以為是的爭論指責卻會傷害對方感情，因此我們一定要盡力避免這種錯誤。

5.玩笑不是隨便開的

社會交往中，開個玩笑可以鬆弛神經、活躍氣氛，創造出一個適於交際的輕鬆愉快的氛圍。玩笑事雖小，但如果開得不得體，那麼就有可能傷害感情、引起糾紛。

一家出版社裡的一位男士新婚不久，大概是心情愉快，生活穩定吧，人漸漸胖起來，和婚前差了很多。

有一天，一位女同事的先生來出版社，他和那位日漸發胖的同事是舊識，大家聊了一會兒，女同事的丈夫突然對新婚的同事說：「你怎麼搞的？胖得這個樣子，滿臉橫肉，改殺豬了？」大家聽後笑了起來。

那位同事一時變了臉色，一句不吭。等笑他胖的那人走了，他才爆發開來，大罵他說話惡毒。女同事送走她先生回來，立即賠不是，把場面弄得很尷尬。

好朋友彼此間開玩笑，可以嘲弄但無傷大雅就可以了，但那女同事的先生的用詞的確太損了些，難怪人受不了。後來呢？被笑胖的那位同事和笑人胖的那位先生再也沒有來往過。

生活中，由一個玩笑造成的悲劇實在是太多了，皆因玩笑傷害了自尊。

所以，開玩笑、損人應有分寸，否則傷害人、得罪人而不自知，那才得不償失。

當然，玩笑的過火是避免不了的，但也不能因為如此就拒絕玩笑，整天一本正經，因為這樣反而會拉遠你和別人之間的距離。但要開玩笑之前，應有些認識：再豁達隨和的人也有自尊心，他也許可以不在乎一百次一千次的玩笑和嘲弄。但不能忍受他在乎的人或事被開玩笑、嘲弄。你若搞不清楚他的好惡，開了不得體的玩笑，他就算不發作，也會記在心裡。人不可能完全瞭解另一個人，這點你必須承認，更何況有人天生敏感，容易受傷，你認為好玩的，他並不認為好玩，也就是說，開玩笑要看人。

喜歡開玩笑或嘲弄別人的人常不知不覺就過了頭，因此開玩笑之前應三思，以免出口成刀，傷害他人。

為了避免引起不必要的麻煩，開玩笑時，一定要注意以下細節：

⑴內容要高雅

笑料的內容取決於開玩笑者的思想情趣與文化修養。內容健康、格調高雅的笑料，不僅給對方啓迪和精神的享受，也是對自己美好形象的塑造。

(2)態度要友善

與人為善，是開玩笑的一個原則。開玩笑的過程，是感情互相交流傳遞的過程，如果藉著開玩笑對別人冷嘲熱諷，發洩內心厭惡、不滿的感情，那麼除非是傻瓜才識不破。也許有些人不如你口齒伶俐，表面上你占到上風，但別人會認為你不尊重他人，從而不願與你交往。

(3)行為要適度

開玩笑除了可借助語言外，有時也可以透過行為動作來逗別人發笑。有對小夫妻，感情很好，整天都有開不完的玩笑。一天，丈夫擺弄鳥槍，對準妻子說：「不許動，一動我就打死你！」說著扣動了板機。結果，妻子被意外地打成重傷。可見，玩笑千萬不能過度。

(4)對象要區別

同樣一個玩笑，能對甲開，不一定能對乙開。人的身份、性格、心情不同，對玩笑的承受能力也不同。

一般來說，後輩不宜同前輩開玩笑；下級不宜同上級開玩笑；男性不宜同女性開玩笑。在同輩人之間開玩笑，則要掌握對方的性格情緒資訊。

對方性格外向，能寬容忍耐，玩笑稍微過火也能得到諒解。對方性格內向，喜歡琢磨言外之意，開玩笑就應慎重。對方儘管平時生性開朗，但恰好碰上不愉快或傷心事，就不能隨便與之開玩笑。相反，對方性格內向，但恰好喜事臨門，此時與他開玩笑，效果會出乎意料的好。

總之，開玩笑一定要把握分寸，因人、因事、因地而異，只有既得體又詼諧的玩笑才能受到人們的歡迎和喜愛。

6.注意細節才能不被誤解

在人際溝通中，被人誤解是常有的事。遭人誤解會給你的工作和生活帶來很大不便，我們一定要盡力避免這種情況發生。誤解常常是由於我們說話時不注意細節引起的，言者無心，聽者有意，因此我們一定要注意細節，化解誤會。

什麼情況下會引起誤解呢？

⑴言詞不足

有的人在表達資訊，或者說明某些事情時，常常在言詞上有所缺失，結果弄得只有自己明白，別人一點也搞不清真相。這種人就是缺乏「讓對方明白」的意識，以致容易招來對方的誤解。

⑵過分小心

有的人不管什麼事，都顧慮過多，從不發表意見。因此，個人的存在感相當薄弱，變成容易受人誤會的對象。

這樣的人總寄望對方不必聽太多說明就能明白，缺乏積極表達自己意見的魄力。對於這種類型的人而言，含蓄並不是美德，這一點要深自反省。

⑶自以為是

另一種人是頭腦聰明，任何事都能辦得妥當，但是卻經常自以為是，我行我素。即使著手一件新工作，也從不和別人照會一聲，只管自作主張地幹活。這麼一來，即使自己把工作圓滿完成，上級及周遭的人也不會表示歡迎。

(4)外觀的印象不好

人對視覺上的感受印象最深刻。雖然大家都明白「不可以貌取人」，但是，實際上雙眼所見的形象，往往成為評判一個人的標準，這個印象可能是造成誤解的原因。如果讓周遭的人有了不好的印象，且造成誤解，若不早點解決，恐怕不好收拾。

(5)欠缺體貼

縱然只是一句玩笑話，但若造成對方的不快，恐怕也會導致意想不到的誤解。甚至一句安慰、犒勞的話，如果沒有用對方易於接受的方式表達，也可能造成誤解。因此，在說話之前，一定要先考慮對方的狀況以及接受的態度。

為了與人溝通時把話說得更加清楚明白，免遭誤解，應該注意以下幾點：

(1)不要隨意省略主語

從現代語法看，在一些特殊的語境中，是可以省略主語的。但這必須是在交談雙方都明白的基礎上，否則隨意省略主語，容易造成誤解。

一個星期天的上午，在一家商店，一個男子正在急急忙忙挑帽子，售貨員拿了一頂給他。他試了試說：

「大，大。」

售貨員一連給他換了四、五種型號的帽子，他都嚷著：

「大，大。」

售貨員仔細一看，生氣了：

「分明是小，你為什麼還說大？」

這青年結結巴巴地說：

「頭，頭，我說的是頭大。」

售貨員狠狠地瞪了他一眼，旁邊的顧客「噗嗤」一聲笑了。造成這種狼狽結局的原因就是這位年輕人省略了他陳述的主語：「頭」。

⑵要注意同音詞的使用

同音詞就是語音相同而意義不同的詞。在口語表達中脫離了字形，所以同音詞用得不當，就很容易產生誤解。如「期終考試」就容易誤解為「期中考試」，所以在這時不如把「期終」改為「期末」，就不會造成誤解。

(3)少用文言詞和方言詞

在與人交談中，除非有特殊需要，一般不要用文言詞。文言的過多使用，容易造成對方的誤解，不利於感情的交流和思想的表達。有這樣一個笑話：古時某地有一個秀才說話愛咬文嚼字，有一天晚上他和妻子已經睡下了，一伸手卻不小心被蠍子螫了一下，他忍著痛對妻子說：「賢妻，速燃銀燭，爾夫為毒蟲所襲！」可是他的妻子沒讀過書，根本聽不懂他在說什麼，於是一動不動。這時秀才痛得實在受不了了，只好大喊：「老婆子！快點燈，蠍子把我給螫了！」

(4)說話時要注意適當的停頓

書面語借助標點把句子斷開，以便使內容更加具體、準確。在口語中我們常常借助的是停頓，有效地運用停頓可以使你的話明白、動聽，減少誤解。有些人說起話來像開機關槍，特別是在激動的時候就不注意停頓了。而聽者則由於跟不上他的速度，很容易發生誤解。所以我們在與人交談時，一定要注意語句的停頓，使人明白、輕鬆地聽你談話。

另外還要注意的一點是，如果對方因誤解而指責你，你就不能一味忍氣吞聲，而是要為自己辯護。

有些人面臨麻煩的事常用辯護來逃避責任，這就走到另一個極端了。這種推卸責任的辯護，偶一為之，無傷大雅，尚可原諒。倘一犯再犯，肯定會失去別人對你的信任。

辯解的困難點在於雙方都意氣用事，頭腦失去了冷靜。所以過於緊張和自責，反而會使場面更僵。因此遇到這類棘手的對立狀態時，更應該積極辯明，明確責任。其要點大概有以下幾點：

①把握時機

尋找一個恰當的機會進行辯解很重要。辯明應該越早越好。辯明越早，則越容易採取補救措施。否則，因為害怕對方責罵而遲遲不說明，越拖越誤事，對方會更生氣。

②自我反省的事項要越簡單明瞭越好

不要悔恨不已，痛哭流涕，不成體統。越把自己說得無能，反而會增加對方對你的不滿。還是適當點一下為好，但要點到本質上，說明自己對錯誤已經有了足夠的認識。

③辯護時別忘了站在對方的立場上講話

站在本身的立場上拼命替自己辯解，這樣只能越辯越使對方生氣。應該把眼光放高一點，站在對方的立場上來解釋這件事，則容易被接受。

④辯解時需要注意

不管是何種情況，都不要加上「你居然這麼說……」任何人都有保護自己的本能，做錯事或和旁人意見相左時，便會積極地說明經過、背景、原因等。但在對方看來，這種人頑固不化，只是找理由為自己辯解罷了。

⑤道歉時需要注意

道歉時不要再加上「但是……」，千萬不要說：「雖然那樣……但是……」這種道歉的話，讓人聽起來覺得你好像是在強詞奪理，無理攪三分。道歉時，只要說：「對不起！」不必再加上「但是……」。如果面對的是性格坦率的人，或許就可以化解彼此的距離。當然該說明的時候仍要有勇氣據理力爭，好讓對方瞭解自己的立場。

與人溝通時，講話一定要謹慎，細微之處也不能忽視，免得發生不必要的誤解，甚至是摸不著頭緒的糾紛。

7.話題是溝通的重要一環

一些人抱怨自己口才不佳，很難與人良好溝通，總是聊不上幾句就沒詞兒了。其實這是由於他們沒有找對話題引起的。話題雖然只是一個小細節，但卻關係到溝通能否順利展開。

仔細觀察就會發現，在交談中處於劣勢的一方常常是尋找話題的責任者，例如：在求人辦事的過程中，求人者需要仔細挑選交談的話題；在談生意的過程中，希望合作的一方則有選擇交談話題的義務；至於在情侶交談的場合中，往往會聽到男人喋喋不休地談論這種或那種的事，而我們單位如何如何，通常是最常見的話題。

如果這對戀人是在同一個單位服務的話，這倒是個很不錯的話題；否則，一定會使女方覺得無味。例如，假若男方是在汽車保養場工作，於是他一直談著汽車零件或機械構造方面的事，那一定會使女性聽得發呆，而不知應從何答起。

所以，聰明的男人應該站在關懷對方的立場去和對方交談，尤其是採取主動的男人更應該注意，無論如何，關懷對方總會令對方覺得愉快。

另一方面，作為被動的一方，女性對於不懂內容的話題，也不要顯出漠不關心的樣子。不過，事實上，這是個很不好應付的場面，你應該怎麼做呢？原則上，只要你對每一件事，都具有強烈的好奇心，那應該就不會有不感興趣的話題出現才對。

往往，一些你本來不感興趣的話題，也會帶給你意外的收穫，使你受益匪淺，比如說，以後和別人談話時，如果再提到這個話題的話，你就可以說：「我上一次也和某人談論過這件事，……」這樣，就可說另一個新話題了。

現在有很多年輕女性，從學校畢業之後，就放棄了學習精神，這是錯誤的態度，人應該活到老學到老。現在有人以為學習就是要看書，這是毫無道理的看法，古代的學者（如蘇格拉底、孔子等）哪裡是由看書而來的？還不都是從別人的談話中自己學習的。

無論男人還是女人，與人交談時，除了能帶來興趣外，還能增廣自己的見聞。有了這種想法後，在你的世界裡，應該不會再有不感興趣的話題存在了。

和呆板的人交談時，只要你多花一點心思去注意，你也會發現很有趣的地方。還有從老人家、雙親、上司等的談話中，也往往可以得到非常豐碩的收穫。現在的年輕人，都具有很強烈的反抗意識，往往將雙親的話置諸腦後，實在是很可惜，請耐下性子，好好的聽一次，你會發現很有趣、很有用的一面。聽完後，你若覺得有必要批評的話，再去批評也不遲，批評和聆聽是兩回事。

一般來說，老人閒談是很有趣的。當然，有時也免不了會覺得他們所說的話很無聊或是太落後，但是，不管怎麼說，老人家的經驗多，知識豐富，因此談話的內容往往會很精彩，值得一聽。

一般的交談總是由「閒談」開始的，說些看來好像沒有什麼意義的話，其實就是先使大家輕鬆一點，熟悉一點，造成一種有利交談的氣氛。

當交談開始的時候，我們不妨談談天氣，而天氣幾乎是中外人士最常用的普遍的話題。天氣對於人生活的影響太密切了，天氣很好，不妨同聲讚美；天氣太熱，也不妨交換一下彼此的苦惱；如果有什麼颱風、暴雨或是季節流行病的消息，更值得拿出來談談，因為那是人人都關心的。

交談的確需要相當的經驗。當你面對著各式各樣的場合，面對著各式各樣的人物，要能做得恰到好處，實在不是一件容易的事。倘若交談開始得不好，就不能繼續發展雙方之間的交往，而且還會使得對方感到不快，給對方留下不好的印象。

自然，親切有禮、言詞得體是最重要的。然而做到這一點，也不能說就一定會收到良好的效果。

因此，平時除了你所最關心、最感興趣的問題之外，你要多儲備一些和別人「閒談」的資料。這些資料往往應輕鬆、有趣，容易引起別人的注意。

除了天氣之外，還有些常用的閒談資料，例如：

⑴自己鬧過的有些無傷大雅的笑話。例如，買東西上當啦，語言上的誤會啦，或是辦事擺了個烏龍啦等等，這一類的笑話，多數人都愛聽。如果把別人鬧的笑話拿來講，固然也可以得到同樣的效果，但對於那個鬧笑話的人，就未免有點不敬。講自己鬧過的笑話，開開自己的玩笑，除去能夠博人一笑之外，還會使人覺得自己為人很隨便，很容易相處。

⑵驚險故事。特別是自己或朋友親身經歷的驚險故事，最能引起別人的注意。人們的生活常常不是一帆風順的，每天大家照常吃飯，照常睡覺，可是忽然大禍臨頭了，或是被迫到一個很遠的地方，路上可能遭遇到很多危險……怎樣應付這些不平常的局面，怎樣機智地或是幸運地在間不容髮的時候死裡逃生，都是人們永遠不會漠視的題材。

⑶健康與醫藥，也是人人都有興趣的話題。談談新發明的藥品，介紹著名的醫生，對流行病的醫療護理，自己或親友養病的經驗，怎樣可以延年益壽，怎樣可以增加體重，怎

樣可以減肥……這一類的話題，不但能吸引人的注意，而且實在對人有很大的好處。特別遇到自己或家人健康有問題的時候，假如你能向他提供有價值的意見，那他更是會對你非常感激的。事實上，有哪一個人、哪一個家庭沒有這方面的問題呢？

(4)家庭問題。關於每個家庭裡需要知道的各方面的知識，例如兒童教育、購物經驗、夫婦之間怎樣相處、親友之間的交際應酬、家庭佈置……這一切，也會使多數人發生興趣，特別是對於家庭主婦們。

(5)運動與娛樂。夏天談游泳，冬天談溜冰，其他如足球、羽毛球、籃球、乒乓球，都能引起人們普遍的興趣。娛樂方面像盆栽、集郵、釣魚、聽唱片、看戲，什麼地方可以吃到著名的食品，怎樣安排假期的節目……這些都是一般人饒有興趣的話題。特別是有世界著名的音樂家、足球隊前來表演的時候，或是有特別賣座的好戲、好影片上演的時候，這些更是熱鬧的閒談資料。

(6)轟動一時的社會新聞也是熱鬧的閒談資料。假使你有一些特有的新聞或特殊的意見和看法，那足可以把一批聽衆吸引在你的周圍。

(7)政治和宗教。倘若你遇到的人，大家在政治上的見解頗為接近，或是具有共同的宗教信仰，那這方面的話題，就變成最生動、最熱烈、最引人入勝的了。

(8)笑話。當然，人人都喜歡笑話，假如你構思了大量各式各樣的笑話，而又富有說笑話經驗的話，那你恐怕是最受歡迎的人了。

話題是良好溝通的重要一環，因此我們一定要在話題上多下功夫。只要多留心生活中的事物，多瞭解談話者的興趣愛好，找到合適的話題就不會是難事。

CHAPTER 7
Friends

別讓細節毀了朋友的情誼

人生在世，光靠自己的力量單打獨鬥，做任何事都難以成功，一定要廣泛交友，擁有好人緣才行。而結交朋友也絕非是一件簡單的事，在與朋友交往時各方面的事都要注意到，因為朋友越親密就越容易因為小事鬧矛盾。所以為了維護朋友情誼，越是細微之處就越要留神。

1.把友情和金錢分開

生活中，很多人一不留神就把金錢滲透進了朋友交往中，有人甚至認為朋友就應該在金錢上互通有無，否則就算不上真正的朋友。這種想法其實是很危險的，友情一牽涉上金錢也就多了很多變數。

友情很偉大，友情又很脆弱，在經濟生活中我們絕對不能濫用友情。正因如此，許多成功的商人都抱定了一個宗旨，不和朋友做生意，因為友情不容投資，和陌生人做生意能交朋友，和朋友做生意會失去友情。

可是，事實上，我們都生活在發達的商品經濟社會裡，包括一般人際交往在內的任何類型的社會關係都不能脫離商品經濟關係而存在，友情自然也不例外，它正受著現代經濟關係的挑戰。

我們如何應對這種挑戰呢?也就是說，在日益複雜的經濟交往和人際關係中，如何捍衛我們的友情呢？

(1)朋友之間儘量避免借貸

朋友之間開口借錢是最平常的事，因為是朋友，誰都有向朋友開口的事，朋友就是要相互幫助。當然，許多人都能做到有借有還，但也因各種原因，總有人不按時歸還，或根本就不能歸還。有的人甚至在借出之前就知道，這錢已丟在水裡了。但不借吧，又礙於情面和友情，覺得對不住朋友，真是左右為難。

這個時候得問清楚，朋友用錢做什麼，如果是生活所必需，用於衣食住行，那義不容辭，當然借，沒償還能力也必須借。反之則不然，因為他已經失去了最起碼的信用，如果再去冒險做生意之類的事情，就必須拒絕。

再一點你可以給予一定數額的饋贈。如有人向你借六千元時，而他沒有多少償還能力或信譽不佳時，你可以主動資助他三百元或五百元，並言明，他可以不用還了。這樣看來你吃虧了，但實際上你失去的並不多。

首先，由於你的無償資助保護了你的友情，可能還加深了這種友情。其次，你也能避免更大的損失。因為有些借款是要冒大風險的。有一個人，他這樣借錢。當朋友介紹他結交另一個朋友，他主動打電話交談，這自然加深了友情。一天，他突然找到新結交的朋友，很隨意地提出借錢，朋友也很自然地答應借了他一千元。他說一周後一定還，果然如期償還。他的信譽就得到了保證。過了沒有多久，他突然找到那位新朋友，一副十萬火急的樣子，開口就要借五千元，並說一周必還，有他前一次的信用在先，朋友當然幫忙，其結果，人去錢空。這便是一種詐騙，利用友情的詐騙。

所以有人這樣說，借錢給你的朋友，就意味著可能失去一個朋友。

(2)金錢上不要不分你我

一些朋友情到深處乾脆金錢上不分你我了，哥們兒嘛，你的就是我的，我的就是你的，在金錢上互相計較豈不太傷感情嗎?然而我們說再好的朋友也要保持距離，親兄弟還要明算帳呢，何況朋友!

小雷與小剛是同一宿舍的好友，他們是因為住在一起才成為朋友的，他們戲稱宿舍是他們的家庭，所有的東西都沒有「標籤」，甚至工資也混同一處，兩人為這種關係而驕傲，別人的眼裡流露的也是羨慕的目光。

不久，小剛有了女友，經常出去逛逛商場，吃頓飯，於是兩人的合作經濟出現了危機。

事有碰巧，一天小雷的母親病了，當小雷回宿舍取錢時，面對的卻是空空的抽屜，小雷不由得問小剛，「錢哪兒去了，剛發薪水三天。」小剛說：「為女友買了條項鏈。」小雷無言地離開了。他在別人那裡借了錢為母親看了病。兩人的友誼出現了裂痕。有一天，兩人提及此事，大吵了一架，不得已決裂了。

交友應該重在交心，來往有節，在金錢上不分你我就會給友情留下隱患，生活中好朋友為了金錢而翻臉的事並不少見。

那麼，如果朋友之間真的需要金錢來往怎麼辦？答案就是立契約，先小人後君子，免得為金錢發生衝突。

做生意的朋友都有過跟朋友合夥的體驗，生意好做，夥計難處，民間早已有了定論。一般人都有這樣的經歷，在經濟交往中，如果與一般的人有什麼金錢交往，往往都會想到立個字據，而和朋友的交往，誰也不願提及或根本就想不到字據這個說法。

現代社會是個法治社會，朋友間的任何交往也要接受法律的制約，我們的友情也要適應這個法治的社會。作為朋友，作為友情的載體，我們必須轉換心態，不要讓友情為我們承擔太多的負擔。

如果你真的珍視友情，就要注意不要把友情和金錢混為一談，忽視了這個小問題，你就無法處理好朋友關係。

2.「長聚首」不如「常聚首」

在交友時，人們最容易忽略的一個細節就是與朋友保持一定距離，要「常」聚首，不能「長」聚首，「距離產生美」的原則在朋友交往中同樣適用。

交往過密不留距離，就會佔用朋友的時間過長，把朋友捆得緊緊的，使朋友心裡不能輕鬆、愉快。

田雪把趙倩看成比一日三餐還重要的朋友，兩人同在一個合資公司做事，公司的工作紀律非常嚴格，交談機會很少，但她們總能找到空閒時間聊上幾句。

下班回到家，田雪的第一個任務就是打電話給趙倩，一聊起來能達到飯不吃、覺不睡的地步，兩家的父母都表示反對。

星期天，田雪總有理由把趙倩叫出來，陪她去買菜、購物、逛公園。趙倩每次也能勉強同意。田雪每次都興高采烈，不玩一整天是不回家的。

趙倩是個有心計的姑娘，她想在事業上有所發展，就偷偷地利用業餘時間學習電腦。

星期天，趙倩背起書包剛要出門，田雪打來電話要她陪自己去裁縫那裡做衣服，趙倩解釋了大半天，田雪才同意趙倩去上電腦課。可是趙倩趕到培訓班，已遲到了二十分鐘，心裡非常不高興。

第二個星期天，田雪說有人幫她介紹了男朋友，要趙倩一起去相看，趙倩說：「不行，我得去學習。」田雪怕趙倩偷偷溜走，一大早就趕到趙倩家死纏活磨，趙倩因此沒有去上電腦課。

田雪一如既往，滿不在乎，她認為好朋友就應該天天在一起。有時星期天照樣來找趙倩，趙倩為此躲到親戚家去住。這下田雪可不高興了，她認為趙倩是有意疏遠她。田雪說：「我很傷心，她是我生活中最重要的人，可她一點也覺察不到。」

田雪的錯誤在於，首先是她沒有覺察到朋友的感覺和想法，過密而沒有距離的交往幾乎剝奪了趙倩的自由，使趙倩的心情煩躁，不能合理地安排自己的生活。

之後，田雪開始與趙倩聚會少了，可是她驚奇地發現，她們的友誼反而更加深厚了。

看來好朋友不一定要長相守，適當保持點距離對友誼更有益處。

人之所以會有「一見如故」、「相見恨晚」的感覺，之所以會有「死黨」的產生，是因為彼此的氣質互相吸引，一下子就越過鴻溝成為好朋友，這個現象無論是異性或同性都一樣。但再怎麼相互吸引，雙方還是會有些差異的，因為彼此來自不同的環境，受不同的教育，人生觀、價值觀不可能完全相同。當二人的「蜜月期」一過，便不可避免地要產生摩擦，於是從尊重對方，開始變成容忍對方，到最後成為要求對方！當要求不能如願，便開始背後挑剔、批評，然後結束友誼。

很奇怪的是，好朋友的感情和夫妻的感情很類似，一件小事也有可能造成感情的破裂。有一位朋友，他和租同一棟房子的房客成為朋友，後來因為對方一直不肯倒垃圾，他認為受到不公平的對待，憤而搬了出去，二人至今未曾往來。

所以，如果有了「好朋友」，與其太接近而彼此傷害，不如「保持距離」，以免碰撞！

人說夫妻要「相敬如賓」，才可以琴瑟和諧，但因為夫妻太接近，要彼此相敬如賓實在很不容易。其實朋友之間也要「相敬如賓」。要「相敬如賓」，「保持距離」便是最好的方法。

何謂「保持距離」？簡單地說，就是不要太親密，一天到晚在一起。也就是說，心靈是貼近的，但肉體是保持距離的。

能「保持距離」就會產生「禮」，尊重對方，這禮便是防止雙方碰撞的「海綿」。

有時過於保持距離也會使雙方關係疏遠，尤其是現代社會，大家都忙，很容易就忘了對方。因此，對好朋友也要打打電話，瞭解對方的近況，偶爾碰面吃個飯，聊一聊，否則就會從「好朋友」變成「朋友」，最後變成「只是認識」了！

也許你會說，「好朋友」就應該同穿一條褲子，彼此無私呀！

你能這樣想很好，表示你是個可以肝膽相照的朋友，但問題是，人的心是很複雜的，你能這麼想，你的「好朋友」可不一定這麼想。到最後，不是你不要你的朋友，而是你的朋友不要你！更何況，你也不一定真的瞭解你自己，你心理、情緒上的變化，有時你也不能掌握！

生活中有很多「死黨」、「鐵哥們兒」就因為從早到晚聚在一起，最後出現矛盾不歡而散。雖然有很多機會可以結交新朋友，但失去老朋友還是人生的一種損失。所以朋友之間還是保持一點距離的好。

3. 交友不要犯的七個小錯誤

在與朋友交往時，我們往往會不自覺地犯下一些小錯誤，這些小錯誤既傷人又害己，如果不及早糾正，就會妨礙你與朋友之間的交往。

(1)指責朋友不要太嚴苛

在與朋友的交往過程中，你總會發現朋友偶爾犯下這樣或那樣的錯誤，那麼此時你應當怎樣讓朋友接受你的意見而不至於把關係鬧僵呢？這正是你一展你的社交才能的時刻，也是對你自身素質的一種考驗。

明代洪應明說過：「攻人之惡，毋太嚴，要思其堪受；教人以善，毋過高，當使其可以。」意思是說，對待他人的錯誤，不應當以攻訐為能事，方法更不能粗暴，不能刺傷朋友的自尊心。如果自尊心受到傷害，即使你說的和做的千真萬確，別人也不能心甘情願地接受，又怎麼能達到改過的目的呢？此時展現你的論辯才能就非常重要了。

指責他人之過，需要稍做保留，不要直接地攻訐，最好採用委婉暗示的語言，使對方自然地領悟，過激的言辭很可能會斷送友誼。因此，責人過嚴的話最好不要說，要說的話，也必須改變語氣。總而言之，這其中技巧運用的如何，也正是你社交能力與自身素質高低的一種體現。

孔子亦云：「忠告而善道之，不可則止。」這是交友的學問。意思是朋友犯了錯誤，以誠意提供忠告，如果對方不聽，就要中止勸告而暫時觀察情況。如果過於嘮叨，只會惹得對方厭煩，毫無效果。要不要接受你的忠告，終究要看對方，過於勉強只會損害友情。這也對我們自身的素質提出了更為嚴格的要求。

交往中發生分歧，雙方往往都認為自己的意見、想法和做法是正確的，從而發生爭辯。將對方駁倒固然令人高興，但未必需要把對方說得一無是處。因為這樣不但對自己毫無好處，甚至有時會適得其反，得不到對方的認可，而且終有一天會自食惡果，受到對方的攻擊。

⑵說話不可無信用

為人處世，信用兩字是很要緊的。古代君子強調「一言既出，駟馬難追」，「一諾千金」，便都是講的一個「信」字。我們現在講恪守信用，「言必信，行必果」，這既是對別人負責，對事業負責，也是自己在社交中必須樹立的一個形象。

古人還說：「人無信，不可交。」指出不講信用的人，不值得信任，甚至不值得與之交往。在當前的現實生活中，也常見有這種不守信用的人，他今天答應幫你買火車票，結果到時連他的影子都找不到；他明天又邀請大家聚餐，而到時赴宴的全來了，唯獨他本人不到場。試問：像這樣的人與之交往，除了叫人上當受騙之外，還能有什麼結果？

人與人之間的社會交往，是以相互信任為基礎的。物以類聚，人以群分。言而無信的人，在社交場裡最終都是肯定找不到他們自己的位置的。

(3)不要蜚短流長

人際交往，貴在一個「誠」字。正如一句外國諺語所說：「只要都掏出心來，便能心心相印。」那種在背後嘰嘰喳喳、蜚短流長的做法，是一種舊時代小市民的低級趣味。它不但會破壞彼此之間的團結，傷害朋友之間的情誼，甚至還會釀成社會的不安定因素。同時，它也說明了一個人品格的低下。因此，在社交生活中，我們一定要注意以下幾點：

①不要傳播不負責任的小道消息。

②不要主觀臆斷，妄加猜測。

③對朋友的過失不能幸災樂禍。

④不要干涉別人的隱私。

⑷不要隨便發怒

喜怒哀樂，本是人之常情。心理學研究指出，隨便發怒，就人與人之間的相互關係來說，會傷了和氣和感情，會失去熟人之間的信任和親近。制怒，則是一個人的理智戰勝感情衝動的過程。而理智，恰好是一個彬彬有禮的人一種特有的標誌。隨便發怒，有人認為這是一個人的脾氣，「江山易改，秉性難移」，似乎發怒是人的一種本性，其實這是誤解。我們知道，多數人都有為自己的行為、信念和感情辯解的動機，因此，不知不覺中他就把自己和別人分別對待了，強求別人來適應自己，而把自己的意志強加於別人。這種不能以平等對待自己和別人的心理，還表現在不能平等地對待各種不同的人身上。例如：他對同事和下級，比對上級更容易發怒；他對妻子和兒女，比對父輩更容易發怒。因為他在強求別人來適應自己時，以為他的同事、下級、同輩或小輩都是應該服從他的旨意的。可見，隨便向人發怒，是一種不尊重別人和不講文明禮貌的行為。

⑸不要給朋友亂起綽號

綽號就是外號。它是依據每個人的特點而人為產生的。有些綽號，例如稱中國女排名將郎平為「鐵榔頭」，稱英國前首相柴契爾夫人為「鐵娘子」等，可以說是帶有褒義的一種美稱，這是包括本人在內都樂於接受的。但是，如果是另一種帶有侮辱性的綽號，那就是另一回事了，絕不能給人亂取，因為它是不文明和不禮貌的行為。

有的綽號，是根據人的生理缺陷而擬就的，例如什麼「癟嘴」、「瞎子」等等。這無異於揭別人的短處，這種綽號一旦流傳，往往會給當事人增加精神上的負擔，影響其自尊心，甚至是對其人格的侮辱。

若有人給你取綽號，你要靈活對待和處理。如果只是偶爾開句玩笑，大可不予理睬，一笑置之，予以淡化。

(6)不要惡語傷人

惡語是指那些骯髒污穢、奚落挖苦、尖刻侮辱一類的語言。很顯然，這是一種與文明禮貌相悖的粗俗的東西，與社會主義的人與人之間平等友好的關係無疑是格格不入的。俗語說：「良言一句三冬暖，惡語傷人六月寒。」惡言中傷，是最不道德的行為，不但我們自己不該說，聽到這一類的話也不要隨意亂傳。說話要注意言辭口氣，避免粗野和污穢。輕蔑粗魯的語言使人感到受侮辱，驕橫高傲的語言使人與你疏遠，憤怒粗暴的語言有可能將事情導向不良後果。本來，語言是人們交流思想、資訊和情感的工具，但惡語卻是損害別人尊嚴、刺痛別人神經和破壞相互關係的禍根。

(7)不要嘲笑朋友的生理缺陷

生理上存在缺陷的人，一般都較為內向，內心會充滿苦惱與憂傷，並由此常常感到自卑和失望。他們中，有些人因為行動不便，交際範圍狹小，在集體場合或不熟悉的人面前顯得靦腆拘謹，更不敢主動與正常人交往，有一種隔閡感。這些精神上的沈重負擔，會使他們對精神需要看得比物質需要更重，特別渴望真誠的友誼、尊重、信任和感情，當受到別人的嘲笑、冷遇或不信任、不公平的對待時，也容易引起委屈、哀怨或其他情緒。作為朋友，你一定要注意保護他們的自尊心，多鼓勵多幫助而不是嘲笑他們。

要想與朋友維持良好關係，你就一定要注意改正待人的一些小錯誤，這樣才能與朋友融洽相處，獲得友情。

4.對朋友也要有禮

朋友關係親密時就容易不拘小節，不拘小節就容易鬧矛盾，甚至危及彼此的交情。因此我們要注意，對好朋友也要講禮儀，只有尊重朋友，才能讓友誼長久。

阿拉伯人有句諺語說：「腳步踩滑總比說溜了嘴來得安全。」不論多親密的朋友，還是必須有所節制，才不致壞了交情。

人是感情的動物，每天的心理狀況都不會相同。不但如此，每天受到天氣、季節變化的影響所產生的情緒也各不相同，甚至早上起床時的情緒也會影響到整天的心情。所以一個人的精神狀態是隨時在變化的。

簡單地說，一個人的反應會因為紛擾的心情而有所不同。如果你以為對方和自己的關係非比尋常，不會和自己計較，或是以為對方能夠瞭解自己的心意而未加注意，反而很可能在不經意的情況之下受到傷害。

與人誠心交往是很重要的一件事，但卻不是把心中所有的事都和盤托出，而是要一步一步慢慢地進入狀況。

不論是多麼親密的朋友，交談的措辭都不可疏忽，因為謹慎言辭就是一種禮儀的表現方式。

現今還遵守著傳統禮儀的人，的確是愈來愈少了，但這裡所指的禮儀概念卻不是指那些繁文縟節的形式，而是你是否真正地瞭解到了禮儀的本質。

禮儀並沒有特定的界限，但在和朋友長期交往之中，隨時注意恪守禮儀與自我節制卻是很重要的。一旦逾越了禮儀或失去節制，你也就失去了朋友。

我們說好朋友之間講究禮儀，並不是說在一切情況下都要僵守不必要的繁瑣的客套和熱情，而是強調好友之間相互尊重，不能跨越對方的禁區。

社會上幾乎人人都知道朋友的重要，都珍惜朋友之間的感情，但凡是人們珍惜的，也一定是稀少的，因而自古以來人們便慨歎「人生得一知己足矣」。其實，我們置身社會中，未必把每一個朋友都交到「知己」的程度。朋友可分為不同層次，有的是於事業有益的，有的是於生活有益的，有的是於感情有益的，也有的是於娛樂有益的。每一種朋友應該交到何種程度才恰到好處，才於人生有益，並沒有一把尺能量得出來。不論深交也罷，淺交也罷，朋友之誼人人皆知，但這「誼」並非信手拈來，重要的是方法，是怎樣交友，怎樣獲得朋友之誼。

許多青年人交友處世常常涉入這樣一個迷思：好朋友之間無須講究禮儀。他們認為，好朋友彼此熟悉瞭解，親密信賴，如兄如弟，財物不分，有福共用，講究禮儀太拘束也太外道了。其實，他們沒有意識到，朋友關係的存續是以相互尊重為前提的，容不得半點強求、干涉和控制。彼此之間，情趣相投、脾氣對味則合、則交，反之，則離、則絕。朋友之間再熟悉，再親密，也不能隨便過頭，不講禮儀，這樣，默契和平衡將被打破，友好關係將不復存在。

和諧深沈的交往，需要充沛的感情為基礎，這種感情不是矯揉造作的，而是真誠的自然流露。中國素稱禮儀之邦，用禮儀來維護和表達感情是人之常情。

而為了做到這一點，以下幾種錯誤就是你要儘量避免的：

(1)傲慢跋扈、言談不慎

相貌、才識、家庭、職務的優勢都能促進別人與你的接近，大家和你在一起就好像也具有你的這些優勢。這可能使你在朋友圈裡有一種淡淡的優越感。但當心，這種優越感一旦失控就可能無意之中在朋友面前擺出一副傲然的態度，處處炫耀自己，看不起別人，從而失去友誼的平等互惠性，因為任何人都不願出賣自尊心去換取友誼。

(2)彼此不分，不拘小節

有的人自認為大度豁達，對朋友借予的東西從不愛惜，甚至久借不還，隨便亂翻亂用朋友的東西也從不事先打個招呼。長此以往，就會使朋友覺得你行為太粗糙，甚至認為你貪婪。青年人常把彼此不分當成友誼深厚的表現，但友誼的維持和發展，仍然需要珍惜、保護、遵守信用。朋友饋贈你東西，是情感物化的表現，但平日裡，對借的東西總還得愛惜，否則會使人覺得你不可靠。

(3)不識時務、一意孤行

不管朋友工作是忙是閒，心情是好是壞，也不管什麼場合，只顧自己誇誇其談，人家急事在身也纏著不放。這樣做就會被人覺得淺薄、沒有教養。也有的人遇事固執己見，硬要別人屈從就範。這兩種態度都反映了認知上的不成熟，不會體諒、理解人，也不能隨情景的變化而調節自己的行為，這當然得不到朋友的好感。

(4)出爾反爾、不講信用

這種人表面上很慷慨，答應別人的請求也不算不爽快，但答應之後即丟在腦後，忘得乾乾淨淨。當下次朋友催問的時候，只是用三兩句話搪塞一番。也許你認為這是生活小事，但對別人來說，失信、毀約，意味著破壞了他人的工作安排，並且使別人的感情受到戲弄。這樣的人是逢場作戲，敷衍應付，不能作為彼此信賴的好友。

除此之外，還有一種情況就是，忘記了「人親財不親」的古訓，忽視朋友是感情一體而不是經濟一體的事實，花錢不計你我，用物不分彼此。凡此等等，都是不尊重朋友，侵犯、干涉他人的表現。偶然疏忽，可以理解，可以寬容，可以忍受。長此以往，必生間隙，導致朋友的疏遠或厭惡，友誼的淡化和惡化。因此，好朋友之間也應講究禮儀，恪守交友之道。

當孩子學會有禮貌地對待客人，當孩子學會友好地對待同伴時……孩子總會得到父母和他人的獎賞；當孩子做了一件壞事，則毫無疑問會受到責罰。久而久之，一個社會的自我出現了。

自我的社會化，自我被社會同化為其中一名合格的成員，按照社會上一般的倫理規範和生活原則來實現自己的價值，這是受到社會一般原則贊許的。但是，我們要考慮的是，生活在一個集體和社會中，並不意味著你和他人僅僅是相安無事或者友好終生地生活著，並不意味著所有團體成員都能按照團體規範來規範行為。難以避免的利害衝突和其他原因影響著相互間的關係，產生一系列的矛盾並形成衝突，給人帶來很多的煩惱。

有的人由於人際關係狀況欠佳，導致產生不良情緒，影響整個生活、工作的質量。如果他希望化解人際矛盾、消除人際隔閡，他就應該有意識地進行人際交往心理的「加減法運算」。他可以有意識地減少一些不成熟的、不被人們所接受的為人處世、待人接物的態度及行為方式，如冷漠、任性、嫉妒、自我中心、損人利己；同時，有意識地增加一些成熟的、他人樂意接受的為人處世、待人接物的態度及行為方式，如熱情、隨和、寬容、尊重他人、公私兼顧。最終將會擁有良好的人際關係氛圍，獲得真正意義上的心理平衡。

朋友再親密也不能忘了以禮相交，千萬不要因為氣味相投就陷於鬆懈或粗心大意，不能彼此尊重的友情只會給雙方帶來傷害。

5.交友務必要慎重

朋友會對我們的生活產生重大影響，因此在交友時一定要慎重，任何人都不該忽略這個問題，不加選擇地亂交友只會傷害自己。

交友不夠謹慎，錯交了朋友，那麼這種朋友就可能是危害你最深的敵人。

一隻蝨子常年住在富人的床鋪上，由於牠吸血的動作緩慢輕柔，富人一直沒有發現牠。一天，跳蚤拜訪蝨子。蝨子對跳蚤的性情、來訪目的、能否對己不利，一概不聞不問，只是一味地表示歡迎。牠還主動向跳蚤介紹說：「這個富人的血是香甜的，床鋪是柔軟的，今晚你可以飽餐一頓！」說得跳蚤口水直流，巴不得天快黑下來。

當富人進入夢鄉時，早已迫不及待的跳蚤立即跳到他身上，狠狠地叮了一口。富人從夢中被咬醒，憤怒地令僕人搜查。伶俐的跳蚤跳走了，慢吞吞的蝨子成了不速之客的替罪羊。蝨子到死也不知道引起這場災禍的根源。

因此，在選擇朋友時，你要努力與那些樂觀忠實、富於進取心、品格高尚和有才能的人交往，這樣才能保證你擁有一個良好的生存環境，獲得好的精神食糧以及朋友的真誠幫助。這正是孔子所說的「無友不如己者」的意思。

相反，如果你擇友不慎，恰恰結交了那些思想消極、品格低下、行為惡劣的人，你會陷入這種惡劣的環境難以自拔，甚至受到「惡友」的連累，成為無辜受難的「蝨子」。

要結交懂得自尊自愛的朋友。因為一個人如果不自尊，便無法尊敬別人。與身心健全的人交往，不僅可以使自己得到別人的尊敬，而且也可以促進自己的身心健康，提高品德修養。有自尊心且身心健康的人，通常都有很強的個人主義意識，不喜歡輕易附和別人。但其具有誠實的本性，不僅能忠實於自己，也能忠實於朋友。

那麼交友時應該注意哪些問題呢？

(1)朋友多交易濫

交友結友不貴在多，而在於質量，多交必濫，這是中國古代人對交朋友的經驗總結。人們常說：「朋友遍天下，知心有幾人。」的確，知音難覓呀。況且，一個人的精力是有限的，如果不加選擇，一味地以多結交朋友為榮，則會整日忙於應酬，把大部分精力都放在與朋友的周旋上，必然影響自己的正常工作、學習和生活。再者，結交的人多了，也必然影響到對朋友的觀察和鑒別。如果所結交的人中有品行不端或用心不良者，也很可能給你帶來危害。在社會上，確實有這麼一種人，以廣泛結交朋友為榮，可以說三教九流，無所不交。嚴格地說，這不是在交朋友，只不過是不負責任的一般交際行為。真正的朋友在於共同的志向和思想，在於互相幫助，使生活增加樂趣和光彩。

(2)交友切不可太輕率

我們應把結交朋友看作一項十分嚴肅的事情，絕對不可輕率。在與對方交往的過程中，要注意觀察其思想、興趣、愛好、品質和行為，掂量一下是否值得結交。當然，這裡並不是強求朋友是各方面都比自己強的人。「無友不如己者。」孔子是說不要和不如自己的人交朋友，這種觀點雖然帶有很大的片面性，但也有其道理。因為朋友之間本是互有短長的，在這方面你有優點，在其他方面他有特長，朋友相處，長短互補，這也是交朋友的益處之一。請不要誤會，孔子的意思是要交思想純淨、品德高尚的人，向這樣的人看齊。還要注意，看朋友是否值得結交並不是不允許朋友有缺點。人無完人，朋友也是如此。只要你所結交的朋友品行端正，能夠真心幫助你，不至於對你有害，就可以了。

(3)擇友一定要謹慎

我們在擇友時，首先一定要明確自己的標準，要結交一生中都會對你有幫助的益友。有的人以興趣相投作為唯一標準，而不論對方的思想品行，只講朋友義氣，只要你對我好，我對你也同樣好。你敬我一尺，我敬你一丈。你肯為我赴湯蹈火，我也會為你兩肋插刀。至於是否有利於自己、有利於他人和社會，則根本不考慮了。在他的朋友中，既有講吃講喝者，又有講玩講鬧者，甚至還有為非作歹、流氓地痞之類的人。「近朱者赤，近墨者黑」。這樣，難免影響到自己。因此，我們一定要慎重選擇朋友，切不可濫交，一定要避免和那些道德品行不端的人結交，免得沾染惡習。

一些人因交友不慎走上違法犯罪的道路，從而使自己的前程、理想、事業全部化為烏有。比如，某裝修公司經理馬某，在業務往來中結交了許多朋友。一天，一個朋友和他一起吃喝玩樂後把他帶到賓館的一間豪華房間，神秘地遞給他一支香菸，馬某毫不介意地抽了起來。不一會兒，馬某感到異樣，這時，朋友告訴他，香菸中放了毒品。馬某當時十分氣憤，轉身就離去。但初次吸毒的體驗卻使馬某產生了這樣的想法：再吸一次。於是，他再次找到那位朋友，又要了一些毒品。從此，馬某一發而不可收，一個月過後，他已經成了一個十足的癮君子。公司業務沒心思過問，妻子也不去關心，他只是不斷地動用自己的積蓄，花費鉅資用來購買毒品，而向他提供毒品的，正是勾引他第一次吸毒的那位「朋友」。短短兩年時間，馬某就花掉了幾十萬元的積蓄，妻子多次規勸，馬某自己也曾多次痛下決心戒毒，兩次進戒毒所，但都無濟於事，妻子失望之餘棄他而去，馬某悔恨不已。在月末的一天，馬某爬到公司正在承建的一座十六層樓房的樓頂，然後跳了下去，結束了自己的生命。

看來選擇朋友雖是細節問題，但卻輕忽不得。那麼怎樣分辨朋友的好壞呢？答案是用時間來看朋友。所謂用時間來看待朋友，是說看朋友是否可靠要用長時期來觀察，而不在見面之初就對一個人的好壞下結論，因為太快下結論，會使你個人的好惡觀念發生偏差，影響你們的交往。另外，人為了生存和利益，大部分都會戴著假面具。和你見面時便把假面具戴上，這是一種有意識的行為，這些假面具有可能只為你而戴，而演的正是你喜歡的角色。如果你據此判斷一個人的好壞，進而決定和他交往的程度，那就有可能吃虧上當。用時間來看人，就是在初見面後，不管雙方是「一見如故」還是「話不投機」，都要保留一些空間，而且不摻雜主觀好惡的感情因素。

一般來說，人不管怎麼隱藏本性，終究會露出真面目。因為戴面具是有意識的行為，久而久之自己也會覺得累，於是在不知不覺中會將假面具拿下來，就像前臺演員，一到後臺便把面具拿下來一樣。面具一拿下來，真性情就出現了，可是他絕對不會想到你在一旁觀察。所以交友時要多給自己和對方一些空間，以便觀察瞭解對方。

生活中對你幫助最大的是朋友，但能給你造成最大傷害的也會是你的朋友。因此，千萬不要輕率交友，這樣做才是對你自己負責。

CHAPTER 8
Habits

別讓細節毀了你的前途

在日常生活與繁雜的工作中，人們自然而然地形成了一些不容易改變的行為——習慣。小習慣常常會決定人一生的平坦與坎坷、成功與失敗、樂觀與悲觀、得意與失意，因此我們一定要戒除壞習慣，培養好習慣，跨越人生障礙，重新定位你的生活，不要讓小習慣壞了大事。

1.不要為失敗和逃避找藉口

在面對失敗或困難時，一些人總是習慣於找藉口逃避，他們沒有意識到這個小小的習慣，給他們帶來怎樣的危害——他們成功的機會就在不斷的藉口中丟失了。

藉口只是在為自己的無能開脫，與其花時間找藉口，還不如把精力放在努力做事上。

約瑟夫每天早晨六點鐘要到達法蘭克林街的辦公室，在七點鐘辦事員們到來之前把全部辦公室打掃好。白天一整天，還得為一位患病的董事，來回不斷地送熱水。

周薪升到五美元的時候，約瑟夫斷然地申請到外面去推銷毛紡織品。他既年輕，身體又弱小，然而卻得到准許，做起了推銷員。不久，他便能取得訂單了。

有名的一八八八年大風雪襲擊了全紐約。就在這次大災難之後不久，一般推銷員都在將近中午時分就趕到法蘭克林街的辦公室，爭先恐後地聚集到火爐旁，盡興地聊著天。

那天下午相當晚了，大門開處，一股寒冷刺骨的北風吹進來。同時，幾乎凍僵了的約瑟夫，像醉漢似的搖晃著蹣跚地走了進來。

「是不是董事先生來上班了。」老資格的推銷員諷刺地說。

「不過，我把今天應做的工作做完了。」約瑟夫回答道，「像這樣的大雪，我更加奮發。而且在這樣的天氣裡，不會有競爭的對手，所以給客人們看了更多的樣品。我今天得到了四十三件訂單。」

約瑟夫立刻晉升為正式的推銷員，薪水也加倍了。他後來成了世界最大的不動產商人。他知道，「今天不成」和「永遠不成」兩者意思相同。

怠惰者常能找到無窮的藉口。比如做某件事情，天太熱了，或者說，太冷了，下雨不便，風刮得太大，天氣變壞了，等等。他們在說這些話的時候，錯過了良好的機會，終至不可救藥。

「要有更好的工作地方，設備更加齊全的地方……」這也是常見的辯解之辭。

「周圍的人真可惡，讓我無法工作。」這也是怠惰者常找的藉口。

藉口總是在人們的耳旁竊竊私語，告訴自己因為某原因而不能做某事，久而久之我們的潛意識會認為這是「理智的聲音」。假如你也有這種習慣，那麼請你做一個實驗，每當你使用一個「理由」時，請用「藉口」來替代它，也許你會發現自己再也無法心安理得了。

那些認為自己缺乏機會的人，往往是為自己的失敗尋找藉口。而成功者大都不善於也不需要編造任何藉口，因為他們能為自己的行為和目標負責，也能享受自己努力的成果。

那些實現了自己的目標取得成功的人，並非有超凡的能力，而是有超凡的心態。他們能積極抓住機遇、創造機遇，而不是一遭遇困境就退避三舍，尋找藉口。

習慣性的拖延者通常也是製造藉口與托辭的專家。如果你存心拖延、逃避，你就能找出成千上萬個理由來辯解為什麼事情無法完成，而對為什麼事情應該完成的理由卻想得少之又少。事實上把事情「太困難、太無頭緒、太花時間」等種種理由合理化，的確要比相信「只要我們努力、勤奮就能完成任何事」的念頭容易得多。

而另一些人則在為他們的失敗尋找藉口，要知道成功永遠也不會和藉口同時出現，而成功者大都不善於也不需要編制任何藉口，因為他們能為自己的行為和目標負責，也能享受自己努力的成果。

一個人做事不可能一輩子一帆風順，就算沒有大失敗，也會有小失敗。而每個人面對失敗的態度也都不一樣，有些人不把失敗當一回事，他們認為「勝敗乃兵家之常事」；也有人拼命為自己的失敗找藉口，告訴自己，也告訴別人：我的失敗是因為別人扯了後腿、家人不幫忙，或是身體不好、運氣不佳等。總之，他們可以找出一大堆理由。

失敗者完全可以從自身的角度去研究失敗，如判斷能力、執行能力、管理能力等，因為事情是失敗者做的，決策是失敗者定的，失敗當然也就是失敗者造成的。因此，失敗者大可不必去找很多藉口。即使找到了藉口，那也不能挽回失敗者的失敗。

其實，儘管有些失敗是來自於客觀因素，逃都逃不過，但還是不要找這種藉口的好，因為找藉口會成為一種習慣，讓自己錯過探討真正原因的機會，這對日後的成功是毫無幫助的。

面對失敗是件痛苦的事，因為就彷佛自己拿著刀割傷自己一樣，但不這樣做又能如何？人不是要追求成功嗎？因此碰到失敗，要找出原因來，就好比找出身上的病因一樣，以便對症醫治。

老是為失敗找藉口的人除了無助於自己的成長之外，也會造成別人對他能力的不信任，這一點也是必須加以注意的。

不要再為自己找藉口了，既然行動是我們唯一有能力支配的東西，那我們就應該選定目標，大踏步走下去，直到獲取成功。

2. 馬虎輕率誤大事

生活中，很多人都有馬虎輕率的小習慣、小毛病，他們的口頭禪是「馬馬虎虎過得去就行了！」他們不知道馬虎輕率是成功的致命殺手，它不但會妨礙你取得成功，甚至還會毀掉你已取得的成就。

一件小事，若是做得好，它就能成就你的人生。然而，你要不把它當回事，它也能給你帶來刻骨銘心的教訓。

有些人在工作中經常犯馬虎輕率的毛病，他們覺得任務完成得差不多，湊合湊合就行了，完全沒有必要在一些細節上費工夫，磨時間。他們這種毛病一旦成為習慣，就開始不分輕重地輕視所有工作中的細節問題。有時候在一些細節問題上出了錯，他們也會認為是小錯誤、小疏忽，根本無足輕重，不會對整個大局構成危害。你若是善意地批評他們或是規勸他們改正，他們甚至理直氣壯地認為：「大禮不辭小讓，做大事不拘小節，我是要做一番大事業的人，在大刀闊斧的行事，哪能婆婆媽媽的，顧及那些細枝末節的問題呀！」這真是讓人哭笑不得。當然，有雄心壯志，希望透過努力工作來創造一番事業是一件好事，但是那不能成為你馬虎輕率、粗枝大葉的理由。世間最睿智的所羅門國王曾經說過：「萬事皆因小事而起，你輕視它，它一定會讓你吃大虧的。」

有沒有發現，越是專業的人越懂得關注細節。也正是那些細節，造成了最終結果的不同。在習慣了的工作中，能夠發現值得關注和提升的小事，並能在它們變成大事之前予以解決，這就是學習力。

在日漸浮躁的商業社會，希望獲得更好結果的人們，總是無休止地追逐下一個目標，至於過程中的「小」問題，似乎誰都懶得去理會，但他們恰恰忘記了這正是可以帶來好結果的關鍵所在。難怪連前任美國國務卿的鮑威爾也會把「注重細節」當做他的人生信條呢。

除非你對職業前景並不抱什麼希望，否則建議你好好留意這幾點：

(1)沒有什麼「小事」，只要是構成結果的一部分，都值得你去重視。

(2)關注工作流程，只要認為目前還未達到最佳效率，細節就應該關注。

(3)差距往往來自細節，造成不同結果的事，往往是容易被忽略的小事。

當然，許多小事也確實易於被人疏忽，這就需要我們平時的努力。只有當我們在意識中對它們有充分的警戒心，就能夠注意並克服掉馬虎粗心的惡習。時刻對馬虎輕率保持高度的警惕心，並養成細心嚴謹的工作態度，時間長了就會形成細心嚴謹的工作態進而形成你的良好習慣和優秀素質，而「習慣常常決定一個人的成敗」。有的人可能會說：「我生性就是粗枝大葉，馬虎粗心是天性所至，我也不想這樣，可是我很難做到細心謹慎，該怎麼辦？」其實完全不必擔心，世上沒有十全十美的人，即使是那些功成名就的偉人，他們一開始也是有這樣那樣的缺陷，有了缺陷不可怕，只要改掉就行，而且他們也都是這樣做到的，最終成就了自己的一番事業。

所以有時候不要認為你自己不能改掉這種惡習，如果你總是這樣想，它就成了你不去改這個惡習的藉口。如果你不想也不去克服掉這個惡習，你當然就無法成功，因為馬虎輕率是成功的致命殺手，它不但會讓你不能繼續獲得未來的成功，甚至還能毀掉你已經取得的成就。這個過程，馬虎輕率只要瞬間，而你以前的成就卻是辛辛苦苦奮鬥了多少年的結果！因為馬虎粗心，你就不可能在工作中做到精益求精、盡善盡美。儘管從客觀來說你工作確實很努力，很敬業，但是你的工作成果卻總是不能讓人滿意，總是與目標之間有一點點差距，而這個差距只要你再付出一點點精力和努力就能達到，而你卻沒有做到。長此以往，你的上司就會對你失望，對你不信任不放心，甚至懷有戒備之心。那你在公司還有發展的前途嗎？還有出頭之日嗎？嚴重的是，你能否保住這個工作都是一個未知數。因此不管粗心是天性所致也好，是後天養成的惡習也罷，只要你是追求成功，擁有遠大理想的人，只要你下定決心，相信自己，就一定能夠克服這個壞毛病。

馬虎輕率所帶來的小錯誤、小疏忽的可怕之處在於它們不會停留在原地，而是接著帶來毀滅性的危害，因此我們一定要培養自己一絲不苟的精神，即使一件小事也要認真仔細地對待。

3.耍「小聰明」會讓自己吃虧

在職場上做久後，一些人開始養成了投機取巧的習慣，在他們看來工作上耍點「小聰明」是天經地義的事，何必太認真呢？然而成功是一步一個腳印走出來的，耍「小聰明」只能得到一時之利，但卻會拉開你與成功的距離。

其實在我們的周圍，有很多人本身具有達到成功的才智，可是每次他們都是與成功失之交臂，於是覺得老天對他不公平，怨天尤人。其實他們有沒有認真地檢討過自己呢？總是不願意踏踏實實地去做好自己的本職工作，總是期望很多，付出很少，內心裡不屑於去做他們心中的「一般的小事」，認為他們被大材小用。認為是小事，就開始要起小聰明，投機取巧，得以蒙混過關。但是他們有沒有靜下來想過：能蒙得過一次、二次，能總是混過去嗎？一旦讓老闆察覺，就會留下極壞的印象。建立一個好的印象需要長期的考察，而留下壞印象的形成卻在一瞬之間。而且壞印象的改變是很難的，猶如一張白紙，整張白紙的白不如上面一個墨點的黑給你留下的印象深。即使老闆這一次原諒了你，但是老闆以後就可能不再信任你，因為你的人格在他的心目中已經打了一個折扣。所以總有人覺得與成功無緣，總是怨天尤人，抱怨老闆不識人才，只把一些零碎小事交給他們，不給他們施展才華的機會。其實真正的原因不是老闆不把機會給他們，而是他們自己把機會拒之門外。在在老闆的心中，他以往的投機取巧已經被標上不踏實、不可靠、不能委以重任的印記。在一個公司中，如果再也沒有機會從事重要業務，何以談將來？何以談前途？

這是不是說就可以在同事面前要「小聰明」了呢？當然不是這樣。如果你要冒險這麼做的話，結果還是一樣：老闆、同事，誰也不會信任你。

如果你本身就有一定的才幹，又加上你勤奮踏實，肯吃苦，不管大事小事，只要是自己的工作，你都是事無巨細，悉心盡力，力求完美，不斷地為自己設定更高的目標，監督自己，激勵自己，精益求精，那麼只要你保持這種優良的品質，不管在什麼崗位上，你都是傑出的。老闆會在內心暗暗地贊許你，漸漸地把企業的核心業務交到你的手上，培養你，在一次次與重大業務的交鋒中，你才能得以昇華。老闆最終自然會對你委以重任。而且你周圍的同事因為你有滿腹的才華，勤奮踏實，兼之老闆賞識，自然會對你刮目相看，並因而喜歡你而願意與你接近，給你力所能及的幫助。這樣，在老闆心目中你是可以被委以重任的人才，在同事的心目中你是有才華更是讓人喜歡的人。

外國人說：「貪睡的狐狸抓不到雞」；中國人說：「早起的鳥兒有蟲吃」。這些其實都是告誡我們要勤奮踏實。所有的成功都是用汗水和血浸泡著的，每一個成功者都付出了不菲的汗水。

踏實是「以不變應萬變」的良方，它能夠把大量稍縱即逝的機會變成實實在在的成果。

踏實應該成為你人生的主旋律之一，踏實應該為你的過去、現在和將來的發展打下堅實的基礎，踏實應該成為你的作風，「踏踏實實做事，老老實實做人」應該成為你的座右銘。

不要再讓投機取巧的習慣左右你了，成功的人，都是腳踏實地的人。如果你不能做到認真對待工作，那麼即便你學識再高，本領再大，也絕不會有出人頭地的一天。

4.不要揮霍你的時間

很多人都有浪費時間的習慣，他們沒有體會到時間的價值，而等他們瞭解到時間的可貴時往往已經太晚了，因為時間雖然看起來很長，但一旦過去了就永遠也找不回來。

從前，在非洲有一個大富翁，名叫時間。他擁有無數的各種家禽和牲口，他的土地無邊無際，他的田裡什麼都種，他的大箱子裡塞滿了各種寶物，他的穀倉裡裝滿了糧食。

這個富人擁有這麼多的財產，連國外的人也知道了，於是，各國商人遠道而來，隨同的還有舞蹈家、歌手、演員。各國派遣使者來，只是為了要看一看這位富人，回國後就可以對百姓說，這個富人怎麼生活，樣子是怎樣的。

富人把牛羊、衣服送給窮人，於是人們說世界上沒有一個人比他更慷慨了，還說，沒有看見過時間富人的人這輩子就等於白活了。

又過了很多年，有一個部落準備派出使者去向富人問好。臨行前部落的人對使者說：

「你們到時間富人的國家去，要想法見到他，你們回來時，告訴我們，他是否像傳說中的那麼富有，那麼慷慨。」

使者們走了好多天，才到達了富人居住的國家。在城郊遇到了一個憔悴的、衣衫襤褸的老頭。

使者問：「這裡有沒有一個時間富人？如果有，請您告訴我們，他住在哪裡。」

老人憂鬱地回答：

「有的。時間就住在這裡，你進城去，人們會告訴你的。」

使者進了城，向市民們問了好，說：「我們來看時間，他的聲名也傳到了我們部落，我們很想看看這位神奇的人，準備回去後告訴同胞。」

正當使者說這話的時候，一個老乞丐慢慢地走到他們面前。

這時有人說：

「他就是時間！就是你們要找的那個人。」

使者看了看衣衫襤褸的老乞丐，簡直不相信自己的眼睛。

「難道這個人就是傳說中的富人嗎？」他們問道。

「是的，我就是時間，我現在變成不幸的人了。」老頭說，「過去我是最富的人，現在是世界上最窮的人。」

使者點點頭說：

「是啊，生活常常這樣，但我們怎麼對同族人說呢？」

老頭想了想，答道：

「你們回到家裡，見到同族人，對他們說：『記住，時間已不是過去的那個樣子！』」

時間就像是海綿，要靠一點一點地擠；時間更像剩料，要學會合理利用，一點一滴地累計，才會得到較長的時間。

那時雅克大約只有十四歲，年幼疏忽，對於拉爾·索及埃先生那天告訴他的一個真理，未加注意，但後來回想起來真是至理名言，爾後他就從中得到了不可限量的益處。

拉爾·索及埃是他的鋼琴教師。有一天教課的時候，忽然問他，每天要花多少時間練琴。他說大約三四個小時。

「你每次練習，時間都很長嗎？」

「我想這樣才好。」雅克答。

「不，不要這樣。」他說，「你將來長大以後，每天不會有長時間空閒的。你可以養成習慣，一有空閒就幾分鐘幾分鐘地練習。比如在你上學以前，或在午飯以後，或在休息餘暇，五分鐘、十分鐘地去練習。把練習時間分散在一天裡面，如此彈鋼琴就成了你日常生活的一部分了。」

當他在巴黎大學教書的時候，他想兼職從事創作。可是上課、看公文、開會等事情把他白天晚上的時間完全佔滿了。差不多有兩個年頭他一字未寫，他的藉口是沒有時間，這時，他才想起了拉爾．索及埃先生告訴他的話。

到了下一個星期，他開始實行那段話。只要有五分鐘的空閒時間，他就坐下來寫一百字或短短幾行。

出乎他意料之外，在那個星期的終了，他竟積有相當可觀的稿子了。

後來他用同樣的方法積少成多，創作長篇小說。他的授課工作雖然十分繁重，但是每天仍有許多可資利用的短短餘閒。他同時還練習鋼琴。他發現每天小小的間歇時間，足夠他從事創作與彈琴兩項工作。

利用短時間，其中有一個訣竅，你要把工作進行得迅速。那麼事前思想上要有所準備，到了工作時間來臨的時候，立即把心神集中在工作上。

拉爾．索及埃先生對於雅克一生有極其重大的影響。由於他，雅克發現了如果能毫不拖延地充分利用極短的時間，就能積少成多地供給你所需要的長時間。

有一首著名的詩是這樣寫的：

「他在月亮下睡覺，

他在太陽下取暖，

他總是說要去做什麼，

但什麼也沒做就死了。」

這就像當我們自己還是一個孩子的時候我們對自己說，當我成為一個大人的時候，我會做這做那，我會很快樂；而當我們成為一個大人之後，我們又說，等我讀完大學之後，我會做這做那，我會很快樂；當我們讀完大學之後，我們又說，等我找到第一份工作的時候，我會做這做那，我會很快樂；當我們找到第一份工作之後，我們又會說，當我結婚的時候，我會做這做那，我會得到快樂；當我們結婚的時候，我們又會說，當孩子們從學校畢業的時候，我會做這做那，並得到快樂；當孩子們從學校裡畢業的時候，我們又說，當我退休的時候，我會做這做那，並得到快樂。當我們退休的時候，真正步入了我們的晚年，我們看到了什麼？我們看到生活已經從我們的眼前走過去了。

什麼是時間？我們在哪裡？對這個問題的回答是：時間是現在，我們在這裡。讓我們充分利用此時此刻。這句話的意思並不是說我們不需要計劃未來。如果我們充分地利用此時此刻，善用現在，那麼我們就是在播種未來的種子，難道不是嗎？

生活中最可悲的話語莫過於：「它本來可以這樣的」、「我本來應該」、「我本來能夠」、「如果當時我……該多好啊」，生命是不能開玩笑的，從來就沒有虛擬語氣的說法。我們之所以會把問題擱置在一旁，最主要的原因就在於我們還沒有學會對自己的人生負責任，沒有學會珍視時間，這也是我們後來後悔的時候痛苦不堪的原因。

珍惜時間，合理利用時間的人才是會生活的人。時間一去不復返，浪費時間就是白白浪費生命。

5.猶豫不決就會一事無成

生活中，做事習慣於猶豫不決的人並不少見，即使在一些生活瑣事上他們也會猶豫再三，很難決定如何去做。但很少會有人重視這個習慣，他們認為這只是小毛病而已，事實上，越是小毛病越不應忽視，比如不糾正猶豫不決的習慣，你就可能一事無成。

有一位作家說過，「世界上最可憐又最可恨的人，莫過於那些總是瞻前顧後、不知取捨的人，莫過於那些不敢承擔風險、徬徨猶豫的人，莫過於那些無法忍受壓力、優柔寡斷的人，莫過於那些容易受他人影響、沒有自己主見的人，莫過於那些拈輕怕重、不思進取的人，莫過於那些從未感受到自身偉大內在力量的人，他們總是背信棄義、左右搖擺，最終毀壞了自己的名聲，最終一事無成。」

這是王安博士小時候的故事：一天在外面玩耍時，他發現了一個鳥巢被風從樹上吹掉在地，從裡面滾出了一隻嗷嗷待哺的小麻雀。他決定把牠帶回家餵養。當他托著鳥巢走到家門口的時候，忽然想起媽媽不允許他在家裡養小動物。於是，他輕輕地把小麻雀放在門口，急忙走進屋去請求媽媽。在他的哀求下，媽媽終於破例答應了。他興奮地跑到門口，看見一隻黑貓正在意猶未盡地舔著嘴巴，小麻雀卻不見了。他為此傷心了很久。但從此他記住了一個教訓：只要是自己認定的事情，就要排除萬難，迅速行動。

許多人多半會有因為逃避某些困難的決定而感到懊喪，但是，這與無法做出一個簡單決定的感覺是全然不同的。做不出決定的原因，大抵可以歸納成以下幾點：

①抱持著多做多錯，少做少錯，不做不錯的心態，因此，內心極為矛盾，最後，還是決定等到所謂的「適當」時機再說。

②堅信經過深思熟慮之後必有佳作，因此，總會習慣地去收集資訊，直到覺得有足夠的資訊來做一個最佳的決定為止。可惜的是，知識多半來自於經驗，而經驗卻往往禁不起

考驗。

③認為石頭到後面會越挑越大，因此，儘管已經有了很好的想法，卻不願就此善罷甘休，一定還要再想出更好的方案出來才行。三心二意的結果，造成了決策的延誤。

④必須在同一時間之內，完成多項決策，希望面面俱到的結果，反倒是連一個決定都做不出來，或者是極容易做出錯誤的決定。

如果我們是那種只要花五分鐘，就可以做出是否要購車這一類重大的決定，但是卻必須花上兩個星期才能決定顏色的人，那麼很顯然的，我們做決定的優先順序可能弄錯了，因為，這可能太鑽牛角尖了，以至於會花過多的時間在做較瑣碎的決定上，而忽略了整個決定的真正本質。

因此，最好的解決方法，就是從下個月開始，將所有較不重要的決定，都以擲銅板的方式來決定即可，根本想都不要去想，就照擲銅板的結果去做就是了。但是，到底哪一些決定是所謂較小的決定呢？譬如凡是金額低於一千元，使用價值少於一年的決定，皆可歸類為此。相信一個月之後，你自然就會對那些金額較大，費時較久的大決定養成較為深思熟慮的習慣，而不會再花太多的時間，去煩惱到底要看哪一部電影之類的問題。

如果在經過深思熟慮之後所做的決定，最後卻發現不是最好的，甚至是錯誤的，那麼，這對任何人而言，都可能是最難堪不過的了。但是，我們要知道，人生不是靜止不變的，隨時都有改變決定的權力。當然有些決定是不易再擅自更改的。因此，塞翁失馬，焉知非福，誰說不是呢？雖然說做決定的時機很重要，但是，如果執意要等到最好的時機才做每一個決定的話，那我們將一個決定都做不出來！因為，根本沒人會知道，什麼時候才是真正最好的時機，結果，反而錯失了時機而有所延誤。要知道，不做決定有時候往往比錯誤的決定還要糟糕。愛迪生在發明燈泡的時候，就是經歷經超過一萬次的嘗試之後才成功；而每一次當他發現錯誤的時候，他就會馬上調整步伐，改變方法，最後終於將電燈發明出來。

如果你瞻前顧後，如果你猶豫不決，如果你不能身體力行，如果你不知道自己該做什麼，那麼，屬於你的只有永遠的失敗，你就永遠不可能成為一名真正的領袖。因為這些根本就不是一個領袖的品質。

那些能夠迅速做出決定的人從來都不怕犯錯誤。不管他犯過多少錯誤，與那些懦夫和猶豫不決的人相比較，他仍然是一個勝者。那些怕犯錯誤而裹足不前的人，那些害怕變化和風險而猶豫徬徨的人，那些站在小溪邊，直到別人把他推下去才肯游泳的人，永遠都無法到達勝利的彼岸，永遠都無法摘取勝利的碩果。

既然去做了，那麼你可能遭遇失敗，但也可能獲得成功，不過，如果一直猶豫不決，那麼結果就只剩下了一個：一事無成。想成功、遇事就不能猶豫，猶豫的小毛病給你帶來的可能是一生的失敗。

6.眼高手低會離成功越來越遠

年輕人常容易養成好高騖遠的壞習慣。僅有遠大理想，眼高手低，不能腳踏實地的人，他的理想也就無從實現。如果不及早糾正眼高手低的小毛病，那麼你的夢想就會變為空想。

有些人總是有很高的夢想，他們不屑於眼前的這些小事。旁人在他們眼中，也大多是一群庸庸碌碌之輩，談不上有什麼共同語言。但在最初交往時，人們往往會被他們表面的雄心壯志所迷惑，老闆也會認為他們是難得的棟梁之材。而事實上，他們眼高手低，大部分時間都沈浸在自己宏偉的夢想中，長此以往，他們不能也不會做出什麼成就，曾經的雄心壯志難免會變成同事們茶餘飯後的笑料。除非他們幡然悔悟、奮起直追，否則，等待他們的往往是慢慢沈淪，或者跳到其他的公司去繼續發牢騷，即使這樣，同樣的悲劇也難免再次上演。

在工作時，許多年輕人念念不忘高位、高薪，並且認為：英雄須有用武之地。然而當他們負責具體工作時，又會從心底裡說：「如此枯燥、單調的工作，如此毫無前途的職業，根本不值得自己付出全部心血！」當他們面對細微工作時，通常會說：「這種平庸的工作，做得再好又有什麼意義呢？」漸漸地，他們開始輕視自己的工作，開始厭倦生活。

年輕人普遍存在的一個問題：好高騖遠。實際生活中，卻需要我們腳踏實地，時時衡量自己的實力，不斷調整自己的方向，一步一步達到自己的目標。

但凡在事業上取得一定成就的人，大都是在簡單的工作和低微的職位上一步一步走上來的。他們總能在一些細小的事情中找到個人成長的支點，不斷調整自己的心態，用恒久的努力打破困境，走向卓越與偉大。

而「眼高手低」只會讓你永遠站在起點，無法到達終點。

年輕人應該像哥倫布那樣，努力去發現自己的新大陸。沈湎於過去或者深陷於對未來的空想是沒有前途的。你正在從事的職業和手邊正在進行的工作，是你成功之花的土壤，只有將這些工作做得比別人更完美，才有可能將尋常變成非凡。

維斯卡亞公司是上世紀八〇年代美國最為著名的機械製造公司，其產品銷往全世界，並代表著當時重型機械製造業的最高水準。許多人畢業後到該公司求職遭拒絕，因為該公司的高級技術人員爆滿，不再需要各種高技術人才。但是優厚的待遇和足以自豪、炫耀的職位，仍然向那些有志的求職者閃爍著誘人的光環。

科曼是哈佛大學的高材生，和許多人的命運一樣，他沒通過該公司每年一次的用人招考。科曼並沒有死心，他發誓一定要進入維斯卡亞重型機械製造公司，於是，他採取了一個特殊的策略——假裝自己一無所長。他先找到公司人事部，提出為該公司無償提供勞動力，請求公司分派給他任何工作。公司起初覺得這簡直是不可思議，但考慮到不用任何花費，簡直是天上掉下的禮拜，於是便分派他去打掃工地裡的廢鐵屑。一年中，科曼勤勤懇懇地重複著這種簡單而勞累的工作。為了糊口，下班後他還要去酒吧打工。這樣，雖然得到老闆及工人們的好感，但是仍然沒有一個人提到錄用他的問題。

不久後，公司遇到了一場危機，許多訂單紛紛被退回，理由均是產品質量問題，為此公司將蒙受巨大的損失。公司董事會為了挽救頹勢，緊急召開會議商議對策，當會議進行一大半卻毫無進展時，科曼闖入會議室。在會上，科曼對這一問題出現的原因做了令人信服的解釋，並且就工程技術上的問題提出了自己的看法，隨後拿出了自己對產品的改進設計圖。他的這個設計非常先進，恰到好處地保留了原來機械的優點，又克服了已出現的弊病。

總經理及董事會的董事見到這個編制外的清潔工如此精明在行，便詢問他的背景以及現狀，科曼當即被聘為公司負責生產技術的副總經理。原來，科曼在做清掃工時，細心察看了整個公司各部門的生產情況，並一一做了詳細記錄，發現了所存在的技術性問題並想出了解決的辦法。為此，他花了近一年的時間設計，獲得了大量的統計資料，為最後一鳴驚人奠定了基礎。

年輕人當有遠大志向，才可能成為傑出的人物。但要成為傑出人物，光是心高氣盛還遠遠不夠，還必須從最不起眼的事情做起。

飯是要一口一口吃的，活是要一步一步幹的，無數的小事將鑄成大事，一天一天的成就將會砌成你夢想的大廈。

在我們的生活中，幾乎每個人都有自己的夢想。有夢想並不是壞事，關鍵是要找對方法，並努力去實現它。如果我們想在公司裡出人頭地，就應該將自己的夢想與公司的發展結合在一起。我們要從現在的任務做起，一步步認真而又執著地做下去；我們要認真地去拜訪客戶、調查市場，而且，無論做什麼，都要由始至終在腦海中保持著夢想的遠景。只有這樣，我們才能把注意力集中在現在需要做的事情上，同時也與我們的夢想保持密切聯繫，使我們的每一次行動都在向心中的目標前進。當我們集中精力處理當前事務的時候，我們就已經開始成長。實現未來夢想的第一步，就是把當前的工作盡力做好，然後再滿懷信心地去做下一個。

這樣一來，不但你的心中會時時充滿對工作的熱愛，你也一定能在工作中體會到無窮的樂趣，逐漸取得越來越大的成就。當你的能力逐漸超過現在職位需要的時候，你就可以充滿自信地向更高的職位前進了。一個成功的人無論對於工作還是生活都是心存感激的，而且內心永遠會保持自己的理想。與其天天做白日夢或者失意地憤而退出，不如集中精力並且努力工作，只有這樣，才能更快更好地讓你的夢想變成現實。到那時，周圍的人一定會對你刮目相看，你將會充分實現自己的夢想和價值。

每個人都應該有理想，但理想一定要切合實際。更重要的是，你要腳踏實地，在一件件最不起眼的小事裡慢慢積累成功的資本。千里之行始於足下，如果你正懷抱著宏偉的夢想，那麼就從眼前的小事做起吧！

7.任何環境中都不能消極被動

消極被動是一種極易被人忽視的壞習慣，無論是在順境還是逆境中它都可能生根發芽。一旦養成了這種習慣你就會變得不思進取，喪失活力和創造力，最終走向好逸惡勞一事無成的深淵。

消極像是一顆種子，先天就播種在每一個人的心中。種子的發育生長有它必需的環境和條件，只有具備了諸如光、溫度、水分等等條件之後，種子才可能開始發芽、破土、生長。成功的人，一生追求完美，他們積極、熱情、樂觀、真誠，踏實肯幹，充滿活力，認真對待身邊的每一個人和每一件事。於是，在成功者的心中，消極的種子始終沒有得到適宜它生長的條件，只好萎縮，直至消失。然而有的人處於順境便盲目滿足、放棄努力，遇到成功便自我滿足、停滯不前；處於逆境便輕易退縮、灰頭土臉，遇到困難便輕言放棄、怨天尤人。這就是消極的種子最容易破土發芽的環境，簡直是「風調雨順」！而一個人一旦在不知不覺中養成了這種習慣，他就會一生失敗，毫無成就。

那我們應該怎樣做呢？

首先，身陷逆境時不應消沈，而應更加進取。某人家境十分貧寒，從小就幫助父母務農，沒有接受過多少正規教育。他意識到不能繼續留在鄉下，於是就跑到城裡去找表哥。一個教育程度不高，而且一無所長的人要想在人才濟濟、競爭激烈的城市裡尋覓一份工作，並闖出一番事業，是很不容易的。表哥對他說：「這是一個知識改變命運的時代。所以，我覺得你首先要做的就是學習知識，這將是你改變逆境的最佳方式與途徑。」他問表哥：「你覺得我該怎麼做呢？」表哥介紹他去汽車修理廠做工。

他邊工作邊學習，短短一年，就成了一個技術嫻熟的汽車修理工。他的收入也不錯，但他卻不安於現狀，很快便熟悉了整個市場經營方式。等到他有了一定積蓄以後，就開始自己單獨創業，到如今，他已經成了一個不大不小的富翁。

事業的發展，外部因素只是一部分，甚至只是一小部分，自身的態度、能力及其努力程度才是最終的決定性因素。你所從事的行業或者任職的公司是否有希望、是否有前途，不在於你如何想像、如何分析，而在於你如何去做。親力親為地從小事做起，不放棄任何學習與充電的機會，真誠地對待身邊的人，每天心懷感激。即使是常人看來非常傳統、機會很少、利潤不高的行業，你也能成就屬於自己的那一片天空。因為付出的總有收穫，在別人抱怨、不滿或者休息、自滿的時候，想想你已經積累了多少東西，而這些，就是你未來一飛沖天的最重要的因素。

其次，順境中更要警惕消極情緒。人人羨慕的穩定、人人渴望的順利，不一定就真的能激發工作熱情、創造工作業績。就像溫暖的環境更利於細菌的滋生，良好穩定的狀態也容易讓人產生盲目滿足、安於現狀、停滯不前等消極情緒。

四十二歲的華特在一家科技公司擔任業務總監，是三個孩子的爸爸。擔任業務總監這五年來，華特的思想逐漸鬆懈下來了：「每天都是成堆的公文和會議，雖然在別人看來也許是一團糟，但在我看來一切都很容易。五年來，我處理過無數這樣的事。」

但是漸漸地，華特感覺不妥了。「我對工作再也不期待了，更別提激情，工作對於我，就好像嚼蠟般無味，我不知道我的人生價值在哪裡。」閒適的生活並沒有帶給華特應有的快樂。當舒適的生活成為習慣後，當初它帶來的快樂也變成了一種習慣，擁有它的時候並不會覺得快樂，但要是失去了，那可是真正的痛苦了。

每天重複著同樣的工作，處理著同樣的事務，華特清楚自己必須改變。「不能讓懶惰的種子吞噬我的全部」。

沒有日常工作壓力後華特開始思考，接下來幾年自己希望能擁有什麼樣的事業，最後華特終於明白，帶給他最大成就感的是創意，因此他決定當一名自由工作者。「我也擔心過這麼做是否會被人看成是失敗者，不過我只猶豫了那麼一分鐘而已，因為成功的生活方式需要做些調整。」出人意料的是，華特的事業發展得很順利。他長久以來從未如此快樂過。比起過去擔任業務總監時華特如今顯得更健康、更有創造力。他表示：「大家都認為勇氣是咬緊牙關撐下去，但是有時候真正該做的是勇於放棄。」

當然，這也並不是說你就該放棄自己的舒適生活，而選擇艱苦奮鬥，只是認為不能因為舒服就丟掉鬥志、就沈迷自己。

為什麼消極被動的壞習慣如此易於存活呢？因為對於大多數人來說，被動的生活已經變成了生活的一種行為無意識，我們像牛一樣被各種各樣的事情牽著鼻子向前走或原地轉圈子，但由於被牽的太久了就忘了我們是被牽著鼻子在生活，有時候不被牽著還感覺不舒服。比如我們每天晚上的大部分時間都被電視機所消耗了，我們打開電視不斷地換著頻道，很少能看到實實在在的有意義的節目，一晚上的寶貴時間就這樣被浪費掉了，到最後很多人都得了電視被動症，在電視上學不到任何東西，離開了電視又活不下去。假如有一天晚上突然停電沒法看電視了，我們就會像沒了魂的幽靈，整個晚上晃來晃去不知所措。還有現在上網或網上聊天，和電視對我們造成的傷害幾乎一樣。我們有事沒事就上網瀏覽，東翻西看，或者和一些毫不相關的人在網上瞎聊，就這樣生命被不知不覺消耗掉了。

現在你應該知道了人之所以被動，主要的原因是心中沒有真正重大的事情要做或心中沒有遠大的目標要實現。

當你發現自己陷在一種無能為力的生活境地時，你首先要有勇氣走出這種生活，而走出這種生活又需要你放棄原來的既得利益和習慣。人最壞的習慣之一就是抱住已經擁有的東西不放，其實一個人只要捨得放下自己的那點小天地，就很容易走進宇宙的大世界。這個世界為你準備的精彩很多。

我們都應學會正確看待所處的環境，兢兢業業地處理手邊的工作，順境也好，逆境也罷，始終保持樂觀進取的心態，千萬別讓錯誤的習慣和點滴的行為毀了你的前途。

8. 堅持到終點就是成功

淺嘗輒止的習慣是成功的天敵，遇到困難就放棄的人是永遠也無法取得成功的，因此我們一定要改掉這個小毛病，將堅持進行到底。

在二十世紀二〇年代，美國西部由於貴金屬礦的零星發現，興起了狂熱的淘金潮，人們從四面八方像潮水一樣湧到西部。其中有一個亞利桑那州的男子，在努力探察了幾年後，在茲默斯頓鎮附近發現了儲量豐富的銀礦礦脈。然而他在礦山的一側奮力挖了二百多米後，卻失望地發現裡面的礦石早已被人挖走了，不得已他只有放棄。後來，他就懷著深深的遺憾撒手人世了。

又過了十幾年，一個礦山公司買下了茲默斯頓鎮的幾處礦區，重新開採已經被人放棄的礦脈，就在距離那個男子所挖礦道一米以後的地方，他們又發現了前所未有的豐富銀礦！堅持與放棄之間僅僅相差一米，卻造成了幾百萬美元的差別！

成功與失敗之間的差別往往薄如隔紙。在公司中你可能只是一名平凡的業務員，業績始終維持在中等水準。和那些優秀的業務員相比，你的業績可能只是他們的一半。也許你一想到這種差別就非常沮喪；你可能會認為，憑自己的能力，無論如何也不可能拉近這種巨大的差距。

但如果仔細想一想，那些業績是你兩倍的人，他的工作時間也是你的兩倍嗎？比起你的八小時，難道他工作了十六個小時嗎？情況顯然不會是這樣。他可能在工作上所花的心思要更多一些，也許就是粗暴地拒絕了你的那位客戶，在他的努力揣摩、巧妙周旋下，欣然和公司簽下了一大筆合約。

很多時候，成功與失敗的距離其實很小，伐木時砍伐大樹，縱然砍了幾百下，但使樹倒下的，卻往往是最後的一擊。

科學家在做出某項重大的發明之前，往往會先經歷一連串的反覆失敗。

演員們在遊刃有餘地扮演各種角色之前，也有很多讓人啼笑皆非的尷尬表現。

那些手藝嫺熟的廚師，在反覆練習烹飪技術的過程中，也不知燒焦過多少鍋菜，做出過多少難以下咽的食物。

諸如此類，只要再努力一下就可能讓結果完全不同的例子，在工作中數不勝數。但是大多數人卻在稍做努力後就停滯不前了。其實，在你近乎絕望的時候，你正在經歷黎明前的黑暗，只要再咬緊牙關繼續努力，你的未來就能豁然開朗起來。

西方有一個名演員馬丁，剛開始時他也是一位很普通的演員。由於他其貌不揚，嗓音平淡，看過他表演的人都說他不可能在演藝圈裡取得大的發展。然而，從他出道的那一天起，他就暗自決定扮演一個表演難度極大的角色——馬辛傑戲劇的吉列斯・歐費理奇爵士。他失敗了一次又一次，但始終沒有放棄。最終，他扮演的這個角色獲得了廣大觀衆的高度認可，他本人也獲得了極高的榮譽。

失敗屬於每一個人，但成功只屬於不言放棄的人。那些成功的人之所以能夠成功，是由於他們堅忍不拔的毅力，更重要的是他們能夠把失敗化作無形的動力，從而最終反敗為勝。

華德·迪士尼為了實現建立「地球上歡樂之地」的美夢，四處向銀行融資，可是卻被拒絕了三〇二次之多，因為每家銀行都認為他的想法怪異。現在，每年有上百萬遊客享受到前所未有的「迪士尼歡樂」，這全都源於他一個人的決心和不言放棄的不懈行動。

一個大學籃球教練，他執教一個很爛的、剛剛連輸了十場比賽的球隊。這位教練給隊員灌輸的觀念是：「過去不等於未來」，「沒有失敗，只有暫時停止成功」，「過去的失敗不算什麼，這次是全新的開始」。在第十一場比賽打到中場時，他們又落後了三十分，休息室中每個球員都垂頭喪氣。

教練問球員：「你們要放棄嗎？」

球員嘴巴講不要放棄，可肢體動作表明已經承認失敗了。

教練又說：「各位，假如今天是籃球之神喬丹在場，他會放棄嗎？」

球員道：「他不會放棄！」

教練又道：「假如今天是拳王阿里被打得鼻青臉腫，但在鐘聲還沒有響起、比賽還沒有結束的情況下，他會不會選擇放棄？」

球員答道：「不會！」

教練問：「假如發明電燈的愛迪生來打籃球，他遇到這種狀況，會不會放棄？」

球員回答：「不會！」

教練問他們第四個問題：「米勒會不會放棄？」

這時全場非常安靜，有人舉手問：「米勒是誰，怎麼連聽都沒聽說過？」

教練帶著一個淡淡的微笑道：「這個問題問得非常好，因為米勒以前在比賽的時候選擇了放棄，所以你從來就沒有聽說過他的名字！」

我們中的大部分人，總是在稍做嘗試後就轉投他處；或者在披荊斬棘走了一段路程後因希望渺茫而中途放棄；或者歷經艱辛後在最後關頭功敗垂成！我們也渴望成功，我們也願意做出一些努力，但我們卻缺乏不成功誓不罷休的決心！我們總是猶豫退縮，把自己的失意與別人的成功不負責任地歸結為命運的安排。可是就連我們自己都不能為自己的前程奮發努力，即使上天有心幫忙，又能幫我們做些什麼？

因此，要想成就一番事業，就要敢於堅定不移地迎接挑戰。我們要敢於讓自己的決心堅定得像高山一樣，失望沮喪的情緒不能動搖它，別人的冷眼旁觀不能削弱它，即使外界的艱難險阻也不能阻擋它！無論前方有多少艱難險阻，我們都要勇敢地站出來向它挑戰！

在與困難的鬥爭中，我們會隨之強大起來；最後，就連自己都會為自身如此迅速的成長感到驚訝。反之，如果我們一遇到困難就忍不住畏懼退縮，我們的自信與勇氣也會隨之逐漸消退。可能以後隨便的一個問題都會讓我們頭痛不已，無可奈何。

淺嘗輒止，畏畏縮縮的人只能得到一連串的失意，只有持之以恒，把「堅持」的信心與勇氣一直貫徹下去，才能成就人生的輝煌。

高寶書版35週年慶，百位名人聯名同賀

2006年，謝謝您與我們一同慶生，許下「出版更多好書」的願望！

高寶書版 35週年慶 百位名人同祝賀

風雨名山，金匱石室；深耕文化，再創新猷。　——台北市長 馬英九

高寶書版，熱情創新，領航文化。　——中國國民黨中常委 連勝文

高來高去，想像無限，寶裡寶氣，趣味無窮。　——飛碟電台董事長 趙少康

圓滿的人生旅途中，最好有好書相伴，高寶給大家創意與力量！
——今周刊社長 謝金河

受人性的溫暖，照耀的出版公司。　——蘋果日報總主筆 卜大中

高寶35歲了。我相信她會永續經營，所以這不算是上半場，只算是第一章。我祝福她，也進入一個新階段。用更多的好書，讓所有的讀者活得更快樂。
——作家 王文華

以華人的角度，國際的視野去感知世界。
——中國出版研究所副所長 辛廣偉

就像一個青壯人士，35歲的高寶將可在優異的基礎上更上層樓，為中文出版界們貢獻。
——政治大學商管學院院長 周行一

從修身到齊家、感性到理性、兩性到兩岸-高寶書版集團既是良師也是益友！
——淡江大學中國大陸研究所教授 張五岳

知識乃發展永續的源頭，而高寶三十五年來透過讓讀者讀好書，成功賦予了社會豐沛的成長動能。請繼續努力！
——中華民國工商建設研究會理事長 郭台強

未來有更多個三十五年，往高業績、高品質、高效率邁進。
——中央大學經濟系教授兼台灣中心主任暨作家 朱雲鵬

從高寶，我學到許多出版經營的方法，十分感謝！
——城邦出版集團首席執行長 何飛鵬

堅持出好書，成為受尊敬的出版社。——城邦出版控股集團營運長 楊仁烽

35歲，芳華正茂，祝希代更猛！更勇！　——時報出版公司總經理 莫昭平祝

高寶集團發展開闊。——大塊文化出版股份有限公司董事長 郝明義

耐心、用心、恆心，寶書豐盈。——smart智富月刊社長 林奇芬

恭喜35歲的高寶,比新生兒還有生命力與創造力。
——天下雜誌出版總編輯 金玉梅

高居排行，讀者之寶。——中華民國圖書發行協進會理事長 王承惠

祝高寶書版集團，博學的客人都來，與「博客來」共同順應時代巨輪大步邁進。
——博客來網路書店總經理 張天立

恭祝高寶集團，持續出版優質書籍。——金石堂圖書股份有限公司 周正剛

高品質的書，永遠是我們心中的至寶。——作家 侯文詠

願高寶為台灣帶來更多的文化創意，思考與心靈的活力。——作家 郝譽翔

期待穩健成長，更上一層樓。——聯傑財物顧問股份有限公司暨作家 蕭碧華

不是好書高寶不出。——作家 劉謙

翰墨圖書，皆成鳳采，往來談笑，盡是鴻儒；祝福高寶歡欣迎接下個三十五年！
——作家 夏韻芬

謝謝高寶書版的用心，讓好書成為我們的精神糧食。——立法委員 李慶安

書語紛飛，潤澤心靈；閱讀悅讀，擁抱活泉。
——永然法律律師事務所律師 李永然

希望知識代代積累。——星空傳媒集團台灣分公司總經理 周璜

出版柱石，蜚聲高寶。——環宇電台台長 郭昕洮

年代好書，盡在高寶。——中天新聞主播 陳海茵

閱讀就像陽光、空氣、水，是活著的基本要素，高寶書版集團帶給我們生活的樂趣，美好的閱讀經驗！——節目主持人 尹乃菁

好讀書，讀好書是我單身生活的一大樂趣。「高寶書版集團」辛苦耕耘35年，灌溉出繁花似錦，結了我生活的好風景。——節目主持人 蘭萱